Vorstellungskraft und Die Magie der Frage

Wie du Fragen stellst, die neue Möglichkeiten eröffnen

Von Gabriele Liesenfeld

Inhaltsverzeichnis

Vorwort

Ich glaube zutiefst daran, dass wir unsere Realität selbst gestalten.
Dass alles, was wir jetzt als unser Leben bezeichnen, unsere eigene Schöpfung ist.
Das heißt, dass unsere Welt das Ergebnis unserer Vorstellungen ist, die auf unseren Annahmen, unseren Gedanken, unseren Glaubenssätzen beruhen.
Das ist die schlechte Nachricht. Denn wenn alles unser Werk ist, können wir nichts und niemanden sonst für unsere Umstände verantwortlich machen.
Das ist aber auch die gute Nachricht! Denn wenn wir alles erschaffen haben, das wir sehen, dann können wir ebenso etwas anderes erschaffen, das uns besser gefällt.
Nichts außerhalb von uns ist verantwortlich für unser Leben und das ist natürlich ebenso eine Annahme wie jeder andere Glaubenssatz.
Es ist unsere Wahl, ob wir dieser oder einer anderen Annahme folgen.

Wenn wir also annehmen, dass wir selbst die Gestalter unserer Umstände sind, dann können wir uns in unserer Welt umschauen und erkennen, was wir da erschaffen haben. Wir können uns fragen, ob uns gefällt, was wir sehen, oder ob wir lieber etwas anderes hätten.

Wenn wir lieber etwas anderes hätten, dann können wir beginnen uns vorzustellen, was wir gerne hätten und wie wir uns fühlen würden, wenn unser Wunsch bereits erfüllt wäre.

So funktionieren wir, so haben wir schon immer funktioniert und so werden wir immer funktionieren. Wir bewegen unsere Gedanken in eine bestimmte Richtung und ernten das manifestierte Ergebnis als Folge unserer Vorstellungen.

Das Unangenehme ist, dass wir meistens gar keine neue Gedanken denken können und somit auch keine neuen Vorstellungen entwickeln können. Der Grund sind unsere Überzeugungen, Glaubenssätze und Annahmen, die uns nicht erlauben, über das hinauszudenken, was wir als möglich oder unmöglich definiert haben. Wir müssen also unsere Annahmen verändern, damit wir aus

neuen Annahmen heraus unser Leben erschaffen können.
Wir müssen unsere alten Annahmen in Frage stellen und uns neuen Möglichkeiten öffnen, selbst wenn unser Verstand uns glauben machen will, dass es nichts gibt als das, was er bereits als real definiert hat.

Und dabei hilft es uns, Fragen zu stellen!
Wenn wir eine neue Realität für uns erschaffen wollen, müssen wir uns öffnen und dafür sorgen die Fragen. Neugierige Fragen, auf die wir die Antwort noch nicht wissen und die wir stellen, um uns und unser Leben großartiger, schöner und wundervoller zu machen.

Dazu lade ich dich ein.
Dich und deine wunderbare Vorstellungskraft.

Einleitung

Nun sitze ich also da und schreibe schon wieder ein Buch. Mein erstes Büchlein hat mir das Vertrauen geschenkt, dass es tatsächlich möglich ist. Das hätte ich vorher nicht geglaubt. Ich wollte eigentlich immer schreiben, allerdings ohne es mir zuzutrauen, weil ich von einer Tonne Schlussfolgerungen ausgegangen bin, die es mir unmöglich haben erscheinen lassen und unter denen mein Vertrauen in mich begraben war.
Einige der Annahmen, von denen ich ausgegangen bin: Alles wurde schon geschrieben, es gibt nichts Neues da draußen oder in mir drinnen, alles ist schon gesagt, was sollte ich schon sagen, was irgendjemand hören will, in mir ist nichts eigenes, irgendwer hat schon alles irgendwann und irgendwo beantwortet, alle Antworten sind schon da. Und das stimmt ja auch. Alle Antworten sind bereits da. Aber was nicht da ist, sind die Fragen. Die Fragen, die wir stellen können, um all die Dinge zu verändern, die für uns nicht funktionieren. Diese Fragen waren für mich pure Magie, als ich sie entdeckt habe.

Wer hat uns jemals gelehrt, eine Frage zu stellen? Wurde uns nicht immer beigebracht, die Antwort zu finden? Und diese Antworten, die wir gefunden haben, waren die nicht bereits da? Die bereits jemand vor uns gefunden hat und die wir als die „richtigen“ Antworten abgekauft haben? Welche Magie dagegen ist eine Frage! Eine Frage öffnet Türen zu Räumen, die wir vorher nicht gesehen haben. Die zwar da sind, aber wir konnten sie nicht sehen, weil sie fest verschlossen waren durch die Antworten, die wir als wahr abgekauft haben.

Was ist eine Frage?

Eine Frage ist der Türöffner zu Möglichkeiten, die noch nicht in unserem Bewusstsein sind. Und eine Frage ist keine Schlussfolgerung mit einem Fragezeichen! Wie zum Beispiel meine niedliche, destruktive, mich strangulierende Schlussfolgerung, die sich ganz durchtrieben als Frage verkleidet hatte: Wie soll ich denn ein Buch schreiben können, wenn ich nichts zu sagen habe, das die Leute hören wollen? Das ist eine Schlussfolgerung mit einem Fragezeichen, denn ich hatte ja bereits beschlossen, dass es da nichts gibt, was irgendjemand von mir hören möchte. Ja genau, diese verdammten Schlussfolgerungen, von denen aus ich so lange funktioniert habe und die mich von all dem abgehalten haben, was ich gerne tun wollte. Eine echte Frage dagegen wäre: was könnte ich sagen, das jemand anderer hören möchte?
Siehst du, wie sich da plötzlich Neugierde breit macht? Wie sich plötzlich ganz am Rande deines Blickfelds Möglichkeiten zeigen? Und auch wenn wir gewohnt sind, solche Möglichkeiten zu ignorieren, weil sie NOCH

nicht in unsere Überzeugungen passen, werden wir doch nicht umhin können, ihre Existenz anzuerkennen, wenn...ja, wenn wir diese Frage nicht nur einmal, sondern immer wieder stellen.

Ich habe dieses Buch „Die Magie der Frage" genannt, weil es genau darum geht: Magie ins Leben einzuladen, indem wir eine offene Frage stellen. Und was ist Magie? Magie ist, wenn Dinge geschehen, die wir selbst und andere nicht für möglich gehalten hätten. Wenn wir in der Lage sind, die richtige Frage zu stellen in dem Moment, in dem wir feststecken, dann geschieht Magie. Die Frage ist der Türöffner und der Zauberstab.
Der Türöffner zu unserer Vorstellungskraft und der Zauberstab, mit dem wir die Dinge manifestieren können, die wir haben wollen. Wann immer wir in einer Situation festgefahren sind, wann immer wir das Gefühl haben, wir hätten keine Möglichkeit, oder nur zwei oder drei, können wir eine Frage stellen. Und sei es nur die Frage: Welche Frage kann ich jetzt stellen, die mich aus dieser Sackgasse heraus holt?

Es ist ein Jammer, dass uns das Fragen abhanden gekommen ist. Und das ist relativ früh passiert. Spätestens als wir in die Schule kamen, wurden wir darauf trainiert, die richtigen Antworten zu finden, statt Fragen zu stellen. Die Fragen wurden durch die Antworten ersetzt, die uns die Erwachsenen gegeben haben. Denn als Kinder waren wir voller Fragen! Alles war neu, alles war ein Abenteuer, alles war aufregend und wir wollten wissen, was es mit dieser Welt und all den seltsamen Dingen darin auf sich hat! Als kleine Kinder haben wir alles in Frage gestellt, unsere Welt war voller Wunder. Und irgendwann hat sich das verändert…man hat uns gesagt, was möglich und was nicht möglich ist, hat uns mit Erklärungen und Regeln zugeschüttet, bis unser Kopf so voll damit war, dass kein Raum für Fragen übrig geblieben ist. Die Welt wurde zu einem erklärbaren Ort, in dem wir uns zurechtzufinden hatten und an deren Regeln und Richtlinien und Gesetzmäßigkeiten wir uns gewöhnt haben.

Was für eine Begrenzung! Und wie wenig entspricht das dem, was wirklich für uns möglich ist, wenn wir wieder beginnen zu fragen!

Sobald wir eine Antwort bekommen, schließen sich Türen und die Schublade, die wir als unser Leben definiert haben. Jede Antwort ist eine Begrenzung. Warum? Weil wir aufhören zu fragen, sobald wir eine Antwort bekommen haben! Als ich in der Schlussfolgerung war, dass ich kein Buch schreiben kann, habe ich keines geschrieben. Weil die Antwort war: du kannst kein Buch schreiben. Punkt. Ende der Geschichte.

So ist es mit jeder Antwort. Ich kann meinen Mann nicht verlassen, weil ich dann kein Geld hätte, um zu überleben. Antwort. Ich kann diesen Job nicht annehmen, weil ich dann in eine andere Stadt ziehen müsste und dann würde sich niemand um meine alte Mutter kümmern. Antwort. Ich kann kein Model werden, weil ich nur 1,67 groß bin. Antwort. Nirgendwo ist da die Frage: was ist über die Schlussfolgerungen hinaus möglich?

Ein guter Hinweis übrigens darauf, dass wir aus Schlussfolgerungen und also aus Antworten heraus funktionieren ist das Wörtchen „Weil“. Das „Weil“ ist der Nagel zum Sarg der Möglichkeiten. Wir haben mit diesem

„Weil“ beschlossen, aus welchem Grund etwas nicht möglich ist und damit haben wir die Antwort, über die wir nicht hinausgehen können. Was natürlich Unsinn ist. Alle Leute, über deren Erfolgsgeschichten in den Medien berichtet wird, haben bewusst oder unbewusst gefragt, was da möglich ist, statt sich auf die Antwort zu beschränken, die durch die offensichtlichen Schlussfolgerungen und Annahmen erschaffen wurden, die in dieser Welt üblich sind.

Wie wäre es also, wenn noch viel mehr möglich wäre als das, was man uns erzählt hat? Wie wäre es, wenn es für uns eine ganz andere Realität gäbe als die, die wir anderen als für uns einzig mögliche abgekauft haben, die uns in der Mausefalle der „offensichtlichen“ Schlussfolgerungen, Annahmen und Antworten sitzen lässt mit all ihren „Weils“, die uns nichts anderes bringen als das große, fette Stoppschild, von dem wir unser Leben bestimmen lassen?

Wann wissen wir, dass wir eine echte Frage stellen, statt zu einer Schlussfolgerung gekommen zu sein, an die wir ein Fragezeichen angehängt haben? Dann, wenn wir keine Ahnung haben, wie die Antwort lautet.

Wenn wir ehrlich sind, müssen wir zugeben dass wir Fragen stellen und meistens die Antworten darauf bereits im Kopf haben. Wenn ich mich frage, wie ich je so viel Geld bekommen soll, wie ich gerne hätte, habe ich die Antwort bereits im Kopf: „Niemals!" Und dieses „Niemals!" ist die Antwort, die mich daran hindert, die Möglichkeiten zu sehen, auf welche Art und Weise dieses Geld zu mir kommen könnte. Bumm! Tür zu.

Eine Frage ist dann eine Frage, wenn ich die Antwort noch nicht weiß, wenn ich neugierig darauf bin, was wohl die Antwort sein wird. Wie sie sich zeigen wird. Von wem sie kommen wird. Was ich dadurch an Möglichkeiten in meinem Leben haben und erschaffen werde.

Eine Frage zu stellen, die tatsächlich neue Möglichkeiten eröffnet bedeutet, im Einklang zu sein mit dem, was man haben will. Es also tatsächlich für möglich und wünschenswert zu halten, dass das, wonach wir fragen, in unser Leben kommen kann. Wenn wir neugierig fragen: „Hmm, was ist jetzt erforderlich, um schnell 10.000 Euro zu bekommen?" Dann ist das eine echte Frage, wenn wir die Antwort noch nicht kennen, nicht die Schlussfolgerung haben, dass es nicht möglich ist, diese 10.000 Euro schnell zu bekommen und tatsächlich bereit sind, die 10.000 Euro auch wirklich anzunehmen, egal woher sie kommen!

Das Vertrackte ist, dass den meisten Menschen die Schlussfolgerungen, die sie getroffen haben, gar nicht bewusst sind. Zum Beispiel wünschen sich die allermeisten „den Mann oder die Frau fürs Leben", ohne sich jemals die Frage gestellt zu haben, ob sie tatsächlich eine Beziehung wollen. Ist der Wunsch nach dem Traumpartner also wahrhaftig ein Verlangen oder haben wir nur die Schlussfolgerung getroffen, dass man in dieser Gesellschaft eine Beziehung haben sollte? Wenn man also nach dem Traumpartner fragt, tatsächlich aber im tiefsten Inneren gar keine Partnerschaft will, wird entweder keiner auftauchen, oder wir werden uns selbst sabotieren, so dass es nie zu einer dauerhaften Beziehung kommt.

Es geht also darum, die offenen und versteckten Annahmen, Schlussfolgerungen und Glaubenssätze durch unsere Fragen hinter uns zu lassen und auf diese Weise offen zu werden für die Möglichkeiten, die wir noch nicht in Betracht gezogen haben!

Es kommt auf die Energie an, mit der du eine Frage stellst!

Mit welcher Energie stellst du eine Frage? Ist da die Bereitschaft, tatsächlich ohne Antwort zu sein, und offen zu lassen, wie die Antwort sein wird, wie sie aussehen wird, woher sie kommen wird? Oder fragst du und hast die Antwort bereits im Kopf? Wenn ich mich frage: „Wie kann ich an viel Geld kommen?", entstehen in meinem Kopf sofort drei, vier Antworten: „Ich kann eine Bank ausrauben, ich kann erben, ich kann im Lotto gewinnen ..." Diese Antworten begrenzen die Möglichkeiten, die man sehen könnte, wenn man eine Frage stellt mit der Energie von: „Hmm, bin gespannt, wie sich das zeigen wird!" Ohne Erwartungen, Schlussfolgerungen oder Vorstellungen; eben wie Kinder...neugierig auf die Möglichkeiten.
Wir Erwachsenen sind voll mit Antworten, Schlussfolgerungen, Erwartungen und Projektionen darüber, was möglich und was nicht möglich ist. Unser Gehirn ist konditioniert darauf, die richtige Antwort zu

finden. Wir sind es einfach nicht gewöhnt, eine Frage zu stellen und damit ins Reich des Möglichen vorzudringen, das wir bisher für unmöglich gehalten haben.

Ein Beispiel:

Eines Tages kam meine alte Hündin zu mir und gab mir zu verstehen, dass sie gerne noch einen Welpen erziehen möchte, bevor sie zu alt dafür ist. Ich erschrak, denn zu diesem Zeitpunkt hatte ich nicht die Absicht, mir ein Hundebaby anzuschaffen. Es war eine Zeit in meinem Leben, in der ich viel gereist bin und Kurse gegeben habe.
Ok....wenn ich all diese Schlussfolgerungen mal beiseitelasse, so dachte ich, könnte ich mich ja einfach fragen: „Wie würde ich mich fühlen, wenn der Hund schon da wäre?"
Ich schloss die Augen und hatte sofort ein Bild im Kopf. Ich sah mich selbst mit einem irischen Wolfshund durch eine Wiese laufen! Diese Freude, die ich in dem Augenblick spürte, war unbändig. Die Frage hatte meine Vorstellungskraft in Gang gesetzt und ein Bild aufsteigen lassen, das pures Glück in mir ausgelöste.

Also stellte ich die nächste Frage: „Was ist erforderlich, damit das geschieht?" Das war meine Frage, auf die ich weder eine Antwort wusste, noch sie gesucht habe. Ich spürte einfach nur die Freude, die ich empfand mit einem irischen Wolfshund in meinem Leben. Ich war nur ein paar Sekunden in dieser Vision, aber meine Hündin Morgaine war da bereits so gut wie in der Existenz. Meine Vorstellung stimmte mit meinem Wunsch überein! Mit anderen Worten: ich stand energetisch hinter meiner Frage.
Ich hatte alle Schlussfolgerungen, Annahmen und Ansichten losgelassen, was möglich oder nicht möglich ist und war bereit, zu empfangen, was durch meine Frage erschaffen wird!
Natürlich kam zwischendurch immer wieder mein vernünftiger Verstand in die Quere, der mir einzureden versucht hat, dass es unglaublich verrückt wäre, so einen großen Hund zu haben, wenn wir so viel unterwegs sind und mein Auto zu klein für einen solchen Riesen ist und und und...
Den Verstand hab ich dann immer mal wieder vor die Tür geschickt und mich weiter über einen wunderschönen, riesigen Hund gefreut!

Einige Tage später kam eine Frau zu einem meiner Kurse, die schon einmal einen irischen Wolfshund hatte. Zufälligerweise kannte sie jemanden in meiner Gegend, der ebenfalls einen hat. Und diese Person wiederum kannte eine Züchterin ganz in meiner Nähe, deren Hündin gerade gedeckt worden war.
Ich bin all diesen Hinweisen gefolgt und zwei Wochen später betraten wir das Weingut der Züchterin und waren sofort umringt von vier irischen Wolfshunden. Ich war unbeschreiblich glücklich und spürte in diesem Augenblick die gleiche Energie, die ich in meiner Vision erlebt habe.
Die Welpen kamen einige Zeit später auf die Welt, und wir fuhren wieder hin. Alle schliefen, nur eine kleine Hündin blinzelte, als wir uns in die Welpenstube setzten, stand auf, wackelte auf uns zu und rollte sich auf meinem Schoß wieder zusammen. So kam Morgaine in mein Leben.

Wie empfange ich die „Antworten“ auf die Fragen, die ich stelle?

Eine wahre Frage ist eine Frage, auf die wir die Antwort noch nicht wissen und auf die wir keine Antwort erwarten.
Wozu dann also die Frage, wenn ich keine Antwort darauf bekomme, wird sich mancher nun fragen.
Wir warten nicht auf eine Antwort, sondern auf etwas, das von einem anderen Ort kommt als dem sonst üblichen. Von unserem guten, alten Verstand. Diesen anderen Ort kannst du Gewahrsein, Bewusstsein, Bauchgefühl oder Intuition nennen. Es ist dieser Ort, der ohne Worte oder Gedanken funktioniert, der eine Empfindung im Körper auslöst oder ein spontanes Wissen, das vorher noch nicht da war.
Das bedeutet, die „Antworten“ auf eine wahre Frage sehen einfach nur ein wenig anders aus als die, die wir gewohnt sind.
Plötzlich weiß man, ohne recht zu wissen woher, wie es weiter geht oder was man als nächstes tun kann. Diesem inneren Wissen

können wir vertrauen, auch wenn das manchmal ein wenig Übung braucht und auch wenn wir alle dazu erzogen wurden, unsere Antworten mit dem Verstand zu finden.
Durch unsere Fragen, die uns Zugang zu unserem erwünschten Gefühl verschaffen, aktivieren wir unsere Vorstellungskraft. Wir sind energetisch sozusagen längst in diesem Gefühl, das wir haben werden, wenn das erwünschte Ergebnis bereits da ist.
Wenn man also eine wahre Frage stellen möchte, ist es sehr hilfreich, den Verstand für einen Moment vor die Tür zu schicken und sich dann beispielsweise zu fragen: „Was ist das?" „Was braucht es, um mehr Geld in meinem Leben zu haben?" „Was kann ich verändern, damit meine Beziehung zu meinem Glück beiträgt?"
Und dann nicht nachzudenken (geht ja auch gar nicht, denn der Verstand wartet vor der Tür), sondern in den Körper hinein zu horchen.
Was macht er? Entspannt er sich, atmet er durch, wird irgendetwas leichter? Wenn das der Fall ist, ist das Wissen plötzlich da. Und du weißt, dass es so ist, wenn du dich plötzlich auf irgendeine Art erleichtert fühlst.

Und wir alle wissen es. Immer. Auch wenn es noch nicht in Worte gefasst werden kann.
Du hast die Antwort empfangen und jetzt heißt es, dem eine Aktion folgen zu lassen. Wir fragen, empfangen eine Antwort und folgen dann der Energie, die zu der Antwort passt.

Wie folge ich der Energie?

Tja, was bedeutet es, der Energie zu folgen? Du weißt ja, ohne Tun geht gar nichts. Wenn wir den ganzen Tag nur auf dem Sofa sitzen, Fragen stellen und Botschaften aus unserem Gewahrsein empfangen, hilft das gar nichts. Außer wir machen uns auf die Socken und folgen dem, was uns da energetisch präsentiert wurde.
Bedenkt, dass einer Frage immer Möglichkeiten folgen, die wir wählen können. Wir fragen und unser inneres Wissen beginnt, alles so zu arrangieren, dass wir das in unser Leben ziehen können, wonach wir gefragt haben.
Es ist ein Universum des Tuns, hat mal irgendwer gesagt und so ist es tatsächlich. Wenn wir keine Handlungen folgen lassen, können wir nichts verändern.

Und das Schöne ist, diese Handlungen folgen ganz automatisch, erscheinen uns natürlich. Wir tun ganz einfach das, das zum erwünschten Ergebnis führt und erst in der Rückschau sehen wir die Kette von

Ereignissen, die zur Erfüllung unseres Wunsches erforderlich war. Es können ganz einfache Dinge sein. Du bist vielleicht auf dem Heimweg und kommst an einem Laden vorbei, an dem du schon hundert Mal vorbei gegangen bist. Plötzlich ist da dieser Impuls, dieses Geschäft zu betreten. Meistens tun wir diese Impulse als „komische Anwandlungen“ ab. Unser Verstand flüstert uns zu, wir sollten so etwas Unlogisches nicht tun. Wir haben es schließlich eilig, wir müssen noch das Abendessen kochen, es gibt gar keinen Grund, diesen Laden zu betreten.
Jetzt haben wir die Wahl. Entweder wir hören auf unseren Verstand und beeilen uns nach Hause zu kommen oder wir gehen in den Laden! Und lassen uns überraschen, was da auf uns wartet. Vielleicht beginnen wir ein Gespräch mit der Verkäuferin, die sich als Fitness-Guru entpuppt und die uns dazu inspiriert, einen Bauchtanzkurs zu machen, bei dem wir dann jemanden kennenlernen, der uns schließlich der Liebe unseres Lebens vorstellt.
Oder wir finden das Kleid, nach dem wir immer schon gesucht haben und in dem wir uns so wunderbar finden, dass es uns beim nächsten Vorstellungsgespräch so viel

Selbstbewusstsein verschafft, dass wir den ersehnten Job bekommen.
Oder wir finden das Buch, das uns endlich motiviert, unser Leben zu verändern.
Wer weiß es schon? Herausfinden können wir es nur, wenn wir diesem Impuls folgen und den Laden betreten!

Das bedeutet es, der Energie zu folgen.

Mach dir klar, dass du durch deine Frage ein Räderwerk in Bewegung gesetzt hast. Du hast gefragt, das Universum, dein innerer Führer, dein ureigenes Wissen, oder wie auch immer du es nennen willst hat reagiert und dein Job ist es jetzt, diesen geflüsterten Hinweisen zu folgen.
Meist sind es nämlich nur gehauchte Hinweise, keine lauten Anordnungen von oben.
Ich habe immer wieder gefunden, dass das „Schicksal" nicht mit Pauken und Trompeten daher kommt, sondern auf leisen Sohlen. Durch eine sanfte Berührung oder ein leises Flüstern. Solange wir auf die Trompetenstöße warten, die uns verkünden, dass es Zeit ist, eine Abzweigung zu nehmen, werden wir lange warten. Beginne zu lauschen! Hör gut

zu, damit du das Flüstern des Universums nicht verpasst und vertrau den kleinen Schubsern.
Dadurch handelst du. Das ist dein Tun, nachdem du eine Frage gestellt und die Botschaft empfangen hast.

Wie können wir lernen, auf das Flüstern des Universums zu hören?

Ich habe vorhin schon gesagt, dass die meisten von uns nicht daran gewöhnt sind, ihrem Gewahrsein, Bauchgefühl, ihrer Intuition, dem Flüstern des Universums zu folgen.
Wir sind gewohnt, den logischen Disputen unseres Verstandes zu folgen und uns verwirren zu lassen von den Impulsen, die manchmal da sind, von irgendwoher kommen und dem widersprechen, was unser Verstand uns sagt.
Wir müssen also mit dem Training beginnen!
Wir müssen trainieren, den Verstand auszuschalten und unserer inneren Stimme zu folgen.
Das tun wir am besten, indem wir uns an all die Gelegenheiten erinnern, bei denen wir spontan waren, etwas getan oder empfangen haben, das ganz unerwartet war und das uns genau das in unser Leben gebracht hat, das wir haben wollten!

Wir alle haben diese Erfahrungen. Wir alle haben Magie erlebt. Nur haben wir diese Erlebnisse meist abgetan als Zufall, als ein merkwürdiges, unerklärliches Ereignis oder als die Hand Gottes.
Tatsächlich waren wir die Schöpfer dieses Ereignisses! Wir haben bewusst oder unbewusst, das Räderwerk des Universums in Gang gesetzt! Durch unsere Fragen, durch unser Verlangen, durch unsere Vorstellungskraft, durch die Verbindung mit diesem inneren Wissen, was tatsächlich möglich ist!
Ich lade dich dazu ein, dich an all diese Begebenheiten zu erinnern und sie aufzuschreiben und von nun an nach diesen Ereignissen Ausschau zu halten und sie immer weiter schriftlich festzuhalten.

Das ist das Training. Wir gewöhnen uns an unseren Magie-Muskel, indem wir ihn uns und das, was er bewirkt hat, immer wieder vor Augen führen und dann nach noch mehr Magie in unserem Leben fragen!
Wenn wir das eine Weile tun, werden wir unseren Verstand umprogrammieren! Der Verstand kann immer nur das verarbeiten, womit wir ihn füttern.

Wenn wir ihn also immer weiter mit unserer Magie füttern und ihn einstimmen auf die Wunder, die wir in der Lage sind zu erschaffen, wird er uns nicht mehr erzählen wollen, dass wir verrückt sind, wenn wir Wunder erwarten und uns auch nicht mehr davon abhalten wollen, daran zu glauben.
Voraussetzung ist, dass wir uns bewusst machen, dass unser Verstand einen Job hat.
Er will gern alles beim Alten lassen, er mag sich nicht unsicher fühlen und er will, dass wir in Sicherheit sind.
Und in Sicherheit sind wir eben, wenn wir alles so lassen wie es ist, wie wir es kennen, worin wir uns auskennen, woran wir gewöhnt sind und was sich vertraut anfühlt.
Das ist eine noble Absicht unseres Verstands, nur leider nicht hilfreich, wenn wir etwas verändern wollen.
Diese Veränderung verlangt eben oft von uns, unsere Komfortzone zu verlassen und den Sprung in etwas Neues zu wagen.
Das ist nichts für unseren Verstand. Da sperrt er sich gern mal und versucht uns davon zu überzeugen, dass das viel zu gefährlich wäre und wir doch besser alles so lassen sollten, wie es ist, weil wir das doch bereits kennen.

Hast du das berüchtigte „Weil" wieder erkannt? Ja, da ist es und führt uns in die Schlussfolgerung und die Annahme und die Überzeugung und die Antwort und weg von der Frage.
Ich empfehle dir, deinen Magie-Muskel morgens kurz nach dem Aufwachen oder abends vor dem Einschlafen im Bett zu trainieren.
Das sind die Zeiten, in denen der Verstand schläfrig ist und sich leichter überlisten lässt. Der Körper ist entspannt und es ist einfacher, seine Botschaften wahrzunehmen.
Denn der Körper ist der Übermittler dieser Botschaften, der Körper reagiert auf das Flüstern des Universums und lässt dich wissen, was richtig und stimmig für dich ist und was du tun kannst, um dich glücklich zu machen.
Du liegst also entspannt im Bett, der Verstand ist noch nicht ganz wach und du stellst eine Frage: „Was kann ich anderes tun als das, was ich bisher getan habe, um mehr Freude in meinem Leben zu haben?"
Und dann spürst du, was dein Körper macht. Geht ein freudiges Kribbeln durch den Bauch? Will er sich strecken? Atmet er tief ein? Und was siehst du vor deinem inneren Auge?

Irgendetwas, woran du schon lange nicht mehr gedacht hast und das dir früher mal Freude gemacht hat? Kommt dir eine Person in den Sinn? Oder fühlst du ganz einfach Freude und bist plötzlich ganz sicher, dass du etwas in deinem Leben verändern musst, weil du mehr von dieser Freude haben willst?
Das ist die Art und Weise, wie du deinen Magie-Muskel übst und wie du gleichzeitig in Verbindung mit dem Universum, deinem inneren Wissen kommst und das Räderwerk in Gang setzt, das dafür sorgt, dass alles in dein Leben kommt, wonach du fragst.
Du kannst das auch mit ganz konkreten Fragen tun. Wenn du zum Beispiel nicht sicher bist, ob du deinen Job kündigen und einen anderen annehmen solltest.
Frag: wie werde ich mich fühlen, wenn ich in meinem Job bleibe und wie werde ich mich fühlen, wenn ich kündige? Wie werde ich mich fühlen, wenn ich den neuen Job annehme?
Lass alle Schlussfolgerungen los, die du bereits getroffen hast in Bezug auf diese Möglichkeiten und lausche auf deinen Körper. Bei welcher Option entspannt er sich am meisten, kribbelt er am meisten oder atmet er tiefer? Und bei welcher Option zieht er sich zusammen, wird schwer, atmet flacher?

Das ist deine Botschaft. In diesem Augenblick weißt du, was ein größeres Geschenk für deine Zukunft ist.
Ich will damit nicht sagen, dass du danach sofort aufspringen und deinen Job kündigen sollst, nur weil sich der neue Job für deinen Körper besser angefühlt hat. Es geht darum, dass du weißt, was für dich mehr Freude wäre in diesem Moment.
Wenn du diese Information erhalten hast, dann kannst du weiter fragen: „Ich frag mich, was erforderlich ist, um etwas anderes zu finden? Bin gespannt, was sich heute zeigen wird! Universum, was braucht es, um zu sehen und zu hören, was du mir zeigen willst?"
Und dann sei aufmerksam, damit du bemerkst, was sich zeigt. Folge deiner inneren Stimme und lass dich überraschen!

Wie werden Wünsche wahr?

Was ist ein Wunsch? Also ein echter Wunsch? Es gibt da ja Unterschiede. Manche Wünsche scheinen selbstverständlich, sozusagen kollektiv. Der Partner fürs Leben, viel Geld, Gesundheit. Die meisten von uns glauben, dass wir uns all das wünschen sollten.
Und dann gibt es diese Wünsche, die sich absolut richtig anfühlen, die in uns wachsen, die uns drängen und schubsen, damit wir sie in Erfüllung gehen lassen. Diese Wünsche fühlen sich an wie eine Forderung, ein Verlangen, eine Sehnsucht. Der Motor, der uns antreibt.
Diese Wünsche haben Kraft.
Wie viele von uns haben sich schon einmal etwas gewünscht, das nie in Erfüllung gegangen ist? Wie viele Mädchen haben sich ein Pferd gewünscht? Oder wie viele haben sich den Traumprinzen gewünscht? Am besten auf dem weißen Pferd?
Und wie viele haben ihren Traumprinzen auf dem weißen Pferd, oder auch nur das Pferd?

Ein echter Wunsch trägt in sich die Sehnsucht nach etwas, das wir nie wirklich hinterfragt haben.
Wir wissen, dass die Erfüllung dieses Verlangens unser Leben bereichern wird.
Die Wünsche, die wir glauben haben zu sollen und die so im Hintergrund dahin plätschern sind meist nicht einmal unsere eigenen.
Wir lernen sie!
Aus Filmen, aus Märchen, aus Romanen, aus dem Fernsehen oder Zeitschriften. Dort sehen wir, was man sich wünschen sollte. Das Geld, das Pferd, den Traumprinzen. Dieser Wunsch lässt einen sitzen mit einer vagen Sehnsucht, die sich möglicherweise, sogar wahrscheinlich, niemals erfüllt.

Wenn ich von einem Wunsch zu einer Forderung oder einem Verlangen gehe, dann sieht das schon wieder anders aus.
Wünsche ich mir Geld oder ist Geld eine Forderung, die ich habe?
Ein Partner, mit dem eine Beziehung gut funktioniert, ist das ein frommer Wunsch oder ist das tatsächlich ein Verlangen in meinem Leben?

Du siehst, da ist ein Unterschied in der Energie, die du bist, wenn du einen Wunsch oder eine Forderung in deinem Leben hast.

Frag dich, wenn es da Dinge gibt, die du dir schon lange „wünschst“: Ist es das, was ich tatsächlich will? Wird mich das glücklich machen?

Wenn ich mir etwas wünsche, dann bleib ich zuhause auf dem Sofa sitzen. Die Energie dahinter ist schwach. Da gibt es keinen Drive, der mich vorwärts treibt, tatsächlich etwas zu tun, um den Wunsch Wirklichkeit werden zu lassen.
Wir sitzen da und träumen und hoffen und warten.
Wenn da eine Forderung in meinem Leben ist, dann tue ich etwas, um das Geld, die Beziehung, den gesunden Körper Wirklichkeit werden zu lassen.
Die Energie dahinter ist kraftvoll und ich werde aktiv!
Denn von wem fordere ich, dass das, wonach ich frage, in mein Leben kommt? Von mir.
Jede Frage, die eine Forderung ist, die ein Antrieb ist, bedingt aktives Tun. Was bin ich tatsächlich bereit dafür zu tun, das Geld, die

Beziehung, den gesunden Körper zu verwirklichen?
Die Wahrheit ist, dass dieses Universum, diese Welt, eine Welt des Tuns ist. Du kannst im Lotto gewinnen, aber zuerst einmal musst du einen Lottoschein ausfüllen.

Was kann ich tun, damit das, wonach ich frage, tatsächlich in mein Leben kommt? Das ist diese Frage, mit der wir täglich aufwachen müssen. Was kann ich tun? Wen kann ich anrufen? Wo habe ich meine Aufmerksamkeit hingelenkt? Was habe ich nicht beachtet? Was habe ich übersehen?

Zuerst ist da die Forderung, das Verlangen, dann kommt die Frage und dann, bevor wir in Aktion treten, lauschen wir auf das Flüstern des Universums. Mit anderen Worten, wir folgen der Energie!
Wir warten auf einen Impuls, dem wir folgen, weil wir ihn gar nicht mehr in Frage stellen. Blindes Tun bringt uns nicht weiter.
Wir sind so sehr gewohnt, Dinge abzuarbeiten, unsere To-Do-Liste zu erledigen, zu tun, was eben getan werden muss, dass da wenig Raum bleibt für die zarten, subtilen Hinweise auf das, was jetzt

erforderlich ist zu tun, um diesen Mann, das Geld, den neuen Job oder Gesundheit in unser Leben zu bringen.
Folge also diesen energetischen Schubsern des Universums! Sie können sich anfühlen wie das zarte Flattern eines Schmetterlingsflügels an Deiner Wange. Meist ist der Hinweis nicht laut, nicht plakativ, das Universum liefert dir keine Fanfare, um den nächsten Schritt anzukündigen.
Wenn du allerdings die Trompeten hörst, dann hast du meist das leise Flüstern wieder und wieder überhört und es kann ungemütlich werden.
Da ist ein Ruf an dich. Das Universum, dein inneres Wissen, dein höheres Ich....wie auch immer du es nennen willst... lenkt deine Schritte, um dich zu dem zu führen, was es braucht, um erfolgreich zu sein. Und Erfolg bedeutet, das zu tun und zu sein, was du dir gewünscht und wonach du gefragt hast.
Die Trompete ist dann der Unfall oder die Krankheit oder ein Verlust, der dich dazu zwingt, eine andere Richtung einzuschlagen.
Warum also nicht aufmerksam sein, um das Flüstern zu hören und mit Leichtigkeit der Spur zu folgen, die das Universum für uns vorbereitet hat?

Denn dann können Wunder geschehen ...

Es ist also die Kombination von Forderung, Frage und der Bereitschaft, wahrzunehmen, was sich zeigt! Die Möglichkeit, die sich auftut zu nutzen, die Gelegenheit zu ergreifen, zu tun, was zu tun ist.
Niemand wirft uns den Traumpartner in den Schoß. Wir sind diejenigen, die den Traumpartner in unser Leben holen.
Und wir tun es mit unserer Vorstellungskraft. Wenn wir JETZT fühlen, wie wir uns fühlen werden, wenn der Wunsch erfüllt ist.

Wenn du dich einlässt auf die Frage, zur wandelnden Frage wirst, dann gibt es keine Situation mehr, in der du dich hilflos fühlst, keinen Bereich deines Lebens, in dem du glaubst, keine Wahl und keine Möglichkeit zu haben.

Welche Fragen kann ich stellen, um Leichtigkeit mit meiner Familie zu haben?

Wir sind so überzeugt davon, dass unsere Familie das Wichtigste auf der Welt ist. Ganz pragmatisch betrachtet: man wird in eine Familie hinein geboren, die möglicherweise aus Menschen besteht, mit denen man sonst nicht so viel zu tun hätte. Manchmal hat man Eltern, die nicht so liebevoll sind, wie man sich das für eine glückliche Kindheit wünschen würde. Manchmal hat man Geschwister, die eben nicht unsere besten Freunde sind, sondern die uns ärgern, neidisch sind oder uns um unseren Erbteil betrügen.
Und dabei haben wir doch immer wieder gehört, dass die Familie die Menschen sind, die immer für uns da sind und uns zur Seite stehen, was auch geschieht! Das muss nicht unbedingt wahr sein und ich bin sicher, eigentlich weißt du das sowieso schon. Und dennoch nähren wir diese Lüge und sind enttäuscht, wenn es nicht so ist. Und wir

haben die Schlussfolgerung getroffen, dass unsere Familie unser wahrer Rückhalt ist, auch wenn sie in Wahrheit nicht aus den Menschen besteht, die immer für uns da sind. Wenn du also Probleme in der Familie hast, bleib in der Frage, wie die betreffende Person, Vater, Mutter, Schwester, Onkel... wirklich funktioniert! Was kann sie dir liefern und was nicht? Ist sie in der Lage, fürsorglich zu sein und dich zu unterstützen oder hat sie Angst, ist unsicher und braucht selbst jemanden, der sie in den Arm nimmt? Ist derjenige wirklich froh, wenn du Erfolg hast oder möchte er dich lieber so behalten wie du bist, damit du nicht über ihn hinaus wächst? Glaubt er so sehr an dich, dass er dir Geld borgen würde, oder hat er Angst davor, Geld zu verlieren und wird den Teufel tun, dir auch nur einen müden Euro zu leihen?
Du siehst, wenn du dich fragst, was dieser Mensch liefern will oder kann, beginnst du ihn in einem anderen Licht zu sehen. Nicht mehr als Familienmitglied, der dir doch helfen müsste, sondern einfach als Mensch mit eigenen Überzeugungen und Wahlen, der uns unter Umständen eben nicht unterstützt und nicht daran interessiert ist, wie es uns geht oder dass wir erfolgreich und glücklich sind.

Das sind Fragen, die im ersten Moment vielleicht weh tun, aber Enttäuschungen vorbeugen:
Sind unsere Eltern und Geschwister wirklich glücklich, wenn wir weit erfolgreicher und gar reicher sind als sie? Freuen sie sich mit uns oder hätten sie es lieber, wenn wir sie nicht übertreffen würden, damit sie uns weiter so sehen können, wie sie uns immer schon gesehen haben? Haben sie Angst vor Veränderung und beschlossen, dass auch für uns nicht mehr möglich ist? Daran ist nichts verkehrt, es ist einfach nur eine Sicht der Dinge, die uns bremst, wenn wir uns davon beeinflussen lassen! Denn schließlich wollen die meisten von uns alles richtig machen, niemanden enttäuschen und wir neigen zu dem Wunsch, uns den Vorstellungen, die andere von uns haben anzupassen.
Was dann dazu führt, dass wir niemals über uns hinauswachsen, damit wir nicht anecken und niemanden enttäuschen.
Es geht also ein wenig darum, die rosarote Familienbrille abzunehmen und zu sehen, wie die Menschen um uns herum funktionieren und wie sehr wir uns ihnen anpassen, um sie zufrieden zu stellen.

Und dann können wir uns fragen: Was will ich? Was weiß ich, was möglich ist für mich, egal ob meine Familie daran glaubt oder nicht? Wie anders als der Rest der Familie bin ich? Bin ich bereit, alles zu tun, damit ich glücklich bin, auch wenn ich jemanden dafür enttäusche?
Wenn wir die Überzeugung loslassen können, dass wir für unsere Familie das Wichtigste auf der Welt sind oder sie das Wichtigste für uns sein müssen, können wir wesentlich freier agieren. Wir müssen nicht mehr aus der Verpflichtung heraus mit diesen Familienmitgliedern umgehen, sondern können wählen, was wir mit ihnen tun wollen und was eben nicht.
Die Familie ist das, in das wir hineingeboren wurden. Die Menschen, mit denen wir Zeit verbringen sollten sind diejenigen, die sich mit und für uns freuen, wenn uns etwas gelingt.
Die uns ermutigen, statt uns klein zu halten.

Ein Beispiel: Stell dir vor, du hast eine Mutter, die gewisse Dinge von dir erwartet. Sie erwartet, dass du das Leben führst, das sie sich für dich vorstellt. Deine Vorstellung vom Leben sieht allerdings anders aus. Für dich ist

etwas anderes wichtig als das, was für deine Mutter wichtig ist.
Das bedeutet, aus dem Blickwinkel deiner Mutter hast du nie den richtigen Partner, du machst nicht die Ausbildung, die du machen solltest, du siehst nicht so aus, kleidest dich nicht so, wie deine Mutter das gern hätte.
Mit anderen Worten: du bist einfach nicht so, wie es deine Mutter von dir erwartet.

Wenn du nun sagst, „mir doch egal, ich mache einfach mein Ding und lass sie ihres machen!", ist das ziemlich cool. Den meisten jedoch fällt das nicht so leicht. Wir haben gelernt, Erwartungen entsprechen zu wollen. Wir haben gelernt, Harmonie aufrecht erhalten zu wollen. Wir haben gelernt, zu gehorchen. Wir haben gelernt, zu sein und zu tun, was unsere Eltern von uns wollen.

Manche Leute werden Rebellen und tun genau das Gegenteil von dem, was von ihnen erwartet wurde.
Manche Leute versuchen verzweifelt, genau das zu tun, was ihre Mütter von ihnen erwarten.

Beides sind Reaktionen. Beides hat nicht das Geringste damit zu tun, was du eigentlich tun willst.
Frag dich: Welche Rolle habe ich mir selbst auferlegt, die ich immer weiter spiele?
Wenn du erkennst, dass du der Rebell bist, wenn du feststellst, dass du das Gegenteil von dem tust, was deine Mutter von dir erwartet, mach‘ dir bewusst, dass du nicht das bist, was du tatsächlich für dich gewählt hättest, sondern du bist das, was deine Mutter nicht will, das du bist.
Wenn du feststellst, dass du das brave Mädchen bist, dann mach dir bitte bewusst, du bist nicht das, was du für dich gewählt hättest, sondern du bist das, was deine Mutter gerne hätte, das du bist.
Und dann kannst du dich fragen: „Funktioniert das für mich?“ Wahrscheinlich nicht.

Was aber ist dazwischen? Was ist das, was zwischen der Reaktion und der Anpassung liegt? Dazwischen bist Du! Du kannst fragen: was wäre ich, wenn ich weder reagieren noch mich anpassen würde? Was würde ich tatsächlich für mich wählen? Wie würde ich mich damit fühlen?

Und dann schau dir an, was bei dieser Frage in dir auftaucht und folge der Energie.

Es scheint dir vielleicht so, als wäre es nicht so einfach, aus diesem Muster wieder heraus zu kommen. Das sind Rollen, die wir vor langer Zeit angenommen haben und denen wir immer noch entsprechen. Aber wir können jede Rolle ablegen und etwas anderes wählen. Frag dich: „Funktioniert das jetzt noch für mich? Oder gibt es da nicht etwas anderes? Was könnte ich anderes sein? Was könnte ich anderes tun? Was könnte ich anderes wählen, das die Dinge verändern würde?“
Dann entspanne dich, lass aufsteigen, was da aufsteigen will.
Und dann warte ab, was geschieht.
Die erstaunlichsten Dinge können geschehen, wenn wir ein Muster erkennen, eine andere Wahl treffen, uns etwas anderes vorstellen und dementsprechend handeln.
Wenn wir erkennen, aus welchen Rollen heraus wir funktionieren, ist es leicht, etwas zu verändern. Das, was uns am meisten feststecken lässt, ist das unbewusste Rollenspiel. Diese Rollen, die wir angenommen haben, um entweder Widerstand zu leisten oder uns anzupassen.

Was, wenn du weder Widerstand leisten noch dich anpassen müsstest, sondern wirklich tun würdest, was für dich funktioniert und das wärst, was für dich funktioniert?
Aus meiner Erfahrung verändern wir nicht nur uns, sondern auch die Menschen um uns herum, wenn wir das tatsächlich für uns wählen. Es könnte sein, dass die Mutter plötzlich weniger Erwartungen an dich hat oder du bemerkst, dass diese Erwartungen eigentlich nur in deinem Kopf existiert haben? Denn auch das ist etwas, was wir erkennen können. Dass wir die Schlussfolgerung getroffen haben, dass andere etwas von uns erwarten, ohne dass diese Schlussfolgerung jemals real gewesen wäre.
Und wir haben darauf reagiert. Entweder mit Anpassung oder Rebellion.
Wie wäre es, wenn wir nicht mehr reagieren, sondern in der Frage blieben, was für uns funktioniert?
Unser Leben wäre wesentlich einfacher!

Welche Fragen kann ich stellen, um meinen Traumpartner zu bekommen?

Viele von uns wünschen sich einen Partner, ohne sich je die Frage gestellt zu haben, ob das tatsächlich unser eigener Wunsch ist oder ein Wunsch, von dem wir gelernt haben, ihn haben zu sollen.

In unserer Gesellschaft ist es sozial anerkannt, eine Partnerschaft zu haben. Mehr noch, es ist erwünscht, es gilt als Notwendigkeit. Es gilt als das Ding, das uns glücklich macht.

So haben wir es gelernt und selten stellen wir es in Frage.

Tatsächlich würde es sich lohnen, da einmal genauer hinzuschauen.

Schließlich haben wir nicht nur gelernt, dass wir eine Partnerschaft haben sollten, sondern auch, wie eine „richtige“ Partnerschaft aussieht.

Zwei Menschen, die zusammen, Hand in Hand in den Sonnenuntergang marschieren.

Und nachdem sie am Horizont verschwunden sind, leben sie offensichtlich gemeinsam und

glücklich bis ans Ende ihrer Tage, denn viel mehr hört man in den Märchen aus unseren Kindertagen nicht von ihnen.
Das ist es also, was wir suchen.
Und wir haben es nicht nur in den Märchen gelesen, wir haben es auch in Hollywoodfilmen gesehen und es wird uns tagein tagaus von den Werbespots im Fernsehen versichert.
Aber was, wenn das gar nicht wahr wäre? Was, wenn das nichts als Lügen wären, die man uns verkauft hat und es tatsächlich nach dem Horizont weiter ginge?
Und wenn wir gefordert wären, eine Partnerschaft zu erschaffen, die nicht nur bis zum nächsten Sonnenaufgang hält?
Die Sache ist die: wir sind die einzigen, die wissen, welche Art von Partnerschaft für uns funktioniert und wir sind die einzigen, die sie so erschaffen können, dass sie für uns funktioniert.
Es lohnt sich also, sich zu fragen, welches Ideal von Partnerschaft in unseren Köpfen herumschwirrt und ob es tatsächlich das ist, was für uns funktioniert.
Ganz Mutige werden sich vielleicht sogar fragen, ob sie überhaupt eine Partnerschaft haben wollen! Vielleicht funktioniert für uns

ja gar keine Beziehung und wir ziehen es vor, frei und ungebunden zu wohnen und zu leben?
Wenn wir uns dafür entschieden haben, uns auf die Suche nach einer Beziehung zu begeben, die für uns funktioniert, dann können wir damit beginnen, sie in unser Leben zu holen.

Wie tun wir das?
Zuerst einmal, indem wir uns vorstellen, wie wir uns fühlen würden, wenn wir diese Partnerschaft bereits hätten. Es geht nicht darum, uns genau vorzustellen, wie diese Partner und die Beziehung aussehen muss, wo wir leben, was wir jeden Tag tun werden.
Es geht vielmehr darum, dieses Gefühl zu spüren, das wir haben werden, wenn wir dort sind, wo wir gerne hin möchten.
Als wenn es sozusagen bereits passiert wäre.
Die Freude zu spüren, den Frieden zu spüren, das Glück zu spüren, das uns begleitet, wenn wir das haben, wonach wir gefragt haben.
Wir haben noch keine Ahnung, wie das aussehen wird. Wir wissen nicht, ob wir verheiratet sind oder eine Fernbeziehung führen, wir wissen nicht, ob unser Partner

blond oder dunkelhaarig, dick oder dünn ist. Wir wissen nur, wie es sich anfühlen wird.

Wir lassen also los von unseren Vorstellungen, wie die äußeren Umstände aussehen sollen und beschränken uns stattdessen auf das Gefühl, das wir haben werden.

Und was wäre, wenn wir dann sogar loslassen würden, dass wir dazu eine Beziehung brauchen?
Dieses Brauchen hat einen unangenehmen Beigeschmack nach „bedürftig sein“. Es impliziert einen Mangel und eine Ohnmacht, aus der heraus wir funktionieren. Wer nach Mangel fragt, bekommt genau das geliefert: mehr Mangel. Stattdessen können wir uns erlauben, den Wunsch, das Verlangen, die Sehnsucht zu haben und zu wissen, dass wir das Recht und die Pflicht haben, unsere Wünsche zu erfüllen! Es würde doch keinen Sinn machen, etliche Jahrzehnte auf diesem Planeten zu verbringen und dann mit dem Gefühl abzutreten, dass wir es nicht geschafft haben, glücklich zu werden. Ich weiß, dass viele Menschen glauben, sie müssten leiden, oder Aufgaben bewältigen, bevor sie mit Glück belohnt werden. Das ist ein Konzept, dass die

Religionen dieser Welt erfunden haben, um uns kontrollieren zu können. Wenn wir wüssten, dass wir nur zu wünschen, zu fragen und in unsere Vorstellungskraft zu gehen haben, wären wir ziemlich unkontrollierbar. Und das ist nicht erwünscht von denen, die kontrollieren wollen.

Wir wissen also, wie wir uns fühlen wollen, wenn unser Verlangen erfüllt ist, stellen uns vor, dass wir uns bereits so fühlen und lassen alle Annahmen los, wie die äußeren Umstände aussehen müssen, um das zu werden und zu haben, was wir sein und haben wollen.
Ich habe immer wieder herausgefunden, dass wenn wir nach „Glücklichsein" fragen, uns das Universum, unser inneres Wissen und unsere Vorstellungskraft immer verlässlich das liefert, was uns glücklich macht. Und wenn ein Mann oder eine Frau dazugehört, dann wird eben das geliefert.
Wir bleiben also in diesem Gefühl des bereits erfüllten Wunsches und die ständige Präsenz dieses Gefühls ist unser Leitstern. Wir denken und handeln aus diesem Gefühl heraus und was immer uns begegnet, können wir daraufhin überprüfen, ob es in irgendeiner Weise in Einklang ist mit diesem Gefühl.

Ob es uns so fühlen lässt wie in unserer Vision, unserem Bild von dem, was wir sein und wie wir uns fühlen wollen.

Der Anfang wäre geschafft.
Wir fragen nach einem Partner, wir lassen los, dass wir einen Partner haben müssen und beschränken uns darauf, uns zu freuen, dass wir ihn haben und der Energie dieser Freude zu folgen. Was wiederum bedeutet, wir suchen uns Dinge, die dieses Gefühl von Freude in uns auslösen.

Ein Beispiel: Ich habe vor einigen Jahren danach gefragt, einen Mann in meinem Leben zu haben. Ein halbes Jahr später war dieser Mann da!
Begonnen hat es damit, dass ich losgelassen habe, einen Partner zu brauchen.
Stattdessen wollte ich jemanden, der mein Leben noch schöner macht als es bisher ist.
Denn mal ehrlich, warum sollten wir eine Partnerschaft eingehen, wenn unser Leben danach weniger schön ist als vorher?
Das Ding war also, jemanden in mein Leben zu bringen, der es bereichert, der mir noch mehr Raum gibt als ich schon habe. Ich wollte

jemanden, mit dem ich gemeinsam mehr kreieren kann als alleine.
Jemand, den ich meiner Realität beifügen kann und der sie noch großartiger macht.
Genau danach habe ich gefragt.
Was braucht es, um das in meinem Leben zu haben?
Und ich habe in diese Energie hinein gespürt. Ich habe mich „in die Zukunft versetzt", mich gesehen, gemeinsam mit diesem Mann, und habe gespürt, wie ich mich fühlen würde. Und das war die Energie, der ich mir vorgenommen habe, zu folgen.

Das ist nicht ganz so einfach, denn wie oft werden wir abgelenkt von anderen Dingen, wie oft verlieren wir dieses Gefühl von Freude und lassen uns hinziehen zu Dingen, die uns aus dieser Freude herausholen und uns wieder in die Abgründe von Zweifel und Angst und Negativität plumpsen lassen, die so normal sind in dieser Realität.

Es ist wichtig, immer wieder zu diesem Gefühl zurück zu gehen, wenn wir traurig oder deprimiert oder verzagt sind. Es ist wichtig, die Antennen auszufahren, um das Flüstern des Universums nicht zu verpassen, das uns in

die Richtung schauen lässt, aus der das, wonach wir fragen, auf uns zu kommt!
Denn oft kommt diese Energie auf eine sehr subtile Art in unser Leben, mit der wir nicht gerechnet haben.

Bei mir war es so: Ich lag in Costa Rica am Swimmingpool und habe ein spannendes Buch gelesen.
Plötzlich schaute ich auf und sah mich um, auf der Suche nach dem, was meine Aufmerksamkeit erregt hat, denn ein kleines Glöckchen hatte in meinem Kopf gebimmelt.
Meine Augen fielen auf diesen Mann, der an meinem Liegestuhl vorbeilief und irgendwas hat „klick" gemacht.
Ich hatte eine Energie wahrgenommen, die anders war als all die anderen Energien um mich herum, die meine Aufmerksamkeit erregt und in mir dieses Gefühl der Freude ausgelöst hat, das ich so gut kannte.

Also habe ich begonnen, Fragen zu stellen: Wer ist dieser Mann? Kennt ihn jemand? Und ja, sagte man mir, das ist dieser Heiler aus Neuseeland, man nennt ihn „den Mann mit den magischen Händen".

Also habe ich dafür gesorgt, dass wir einander kennen lernen.
Eins führte zum anderen und jetzt ist dieser Mann mein Ehemann.
Und nicht, dass das einfach oder normal gewesen wäre.
Ich lebe in einem kleinen Dorf in Niederösterreich, er lebte damals in einem kleinen Ort in Neuseeland, getroffen haben wir uns in Costa Rica und geheiratet haben wir schließlich in Las Vegas. Aber das Universum oder mein inneres Wissen oder wie auch immer man das nennen möchte, das wir wirklich sind, hat alles dafür getan, dass wir zusammen kamen.
Einfach so.
Weil ich es gewählt hatte, weil die Energie, die ich im allerersten Moment bei ihm wahrgenommen hatte, dem entsprach, wonach ich gefragt hatte und weil er etwas gewählt hatte, das meiner Energie entsprach!
Und tatsächlich haben wir zusammen mehr kreiert, als wir das alleine gekonnt hätten.
Mein Leben ist bereichert. In jeder Beziehung.
Und ein Ende ist nicht abzusehen.

So kannst du dir also einen Partner ins Leben holen.

Du fragst danach, du stellst dir vor, wie du dich fühlen würdest, wenn du ihn bereits hättest, du denkst aus diesem Zustand heraus und folgst ganz automatisch den kleinen Hinweisen, die du empfängst. In der Rückschau wird es sich anfühlen, als wäre alles ganz natürlich und unvermeidlich gewesen. Und das ist es ja auch, wenn du beständig in dieser Energie bleibst, die du sein willst, wenn dein Wunsch bereits erfüllt ist. Etwas anderes ist dann gar nicht möglich.

Welche Fragen kann ich stellen, um einen Körper zu haben, mit dem ich mich wohl fühle?

Ich spreche nicht von unserem „Traumkörper", nach dem wir alle so verzweifelt hinterher jagen. Denn was ist eigentlich ein Traumkörper?
Die meisten von uns bewundern all die schönen Körper, die uns die Medien vorsetzen und wissen gleichzeitig, dass all das nichts mit der Realität zu tun hat, die Fotos bearbeitet sind und nicht der Wirklichkeit entsprechen. Und dennoch nähren wir irgendwo immer noch die Vorstellung, dass unsere Körper so sein sollten wie die auf den Bildern und wir machen uns und unsere Körper falsch dafür, wenn sie eben nicht so aussehen.
Woran liegt das, dass wir glauben, nur vollständig, richtig und begehrenswert zu sein, wenn wir den perfekten Körper haben? Tatsächlich tun wir das, weil alle anderen es auch tun. Wir hatten Mütter und Väter, die ihre Körper bewertet haben, wir wurden in der Schule ausgelacht, weil wir unsere

Klassenkameraden um einen Kopf überragt haben, weil wir das Gesicht voller Sommersprossen hatten oder weil unsere Nase zu groß war.
Von klein auf haben wir gelernt, dass wir unser Körper und unser Gesicht sind und das wir bestimmten Maßstäben entsprechen müssen, sonst sind wir nicht „richtig".
Und seitdem versuchen wir richtig zu sein und uns diesen Maßstäben anzupassen.

So einfach ist das.
Und so schwer, davon loszulassen.

Und wir glauben, wenn wir erst den „richtigen" Körper haben, dann ist alles gut. Dann werden wir geliebt und bekommen den tollen Mann oder die tolle Frau und außerdem den Job, den wir eigentlich wollen und auch noch all das Geld, das wir bisher nicht haben.

Nichts davon ist real.
Den „richtigen" Körper zu haben macht uns nicht glücklich.
Was uns dagegen glücklich macht, ist damit aufzuhören, unsere Körper zu bewerten, sie abzulehnen und niederzumachen.

Was uns Glück bringt, ist Dankbarkeit für unsere Körper, Verbundenheit und Kommunikation mit ihnen und die Bereitschaft, mit unseren Körpern zusammen zu arbeiten, statt gegen sie.

Und wir alle wissen das... auf der Verstandesebene.
Wir hören überall, dass es wichtig ist, sich selbst und seinen Körper zu lieben. Aber es kognitiv zu begreifen ist etwas anderes, als es tatsächlich zu spüren.

Wie schaffen wir es also, Dankbarkeit für unseren Körper zu spüren und eine Verbundenheit mit ihm zu haben, die es uns erlaubt, ihn um Veränderung zu bitten? Und dann auch zu hören, was er uns sagt, zu wissen, was für ihn erforderlich ist und ihn so zu erschaffen, dass es für uns funktioniert?

Ich habe leider keine guten Nachrichten. Wir müssen tatsächlich beginnen, unsere Körper zu lieben, Verständnis für sie zu haben, sie anzuerkennen und dankbar zu sein für das, was sie bisher für uns getan haben.

Wir können mit einer leichten Übung beginnen: Wir schauen uns an, wofür wir unserem Körper dankbar sind. Dafür, dass sie uns bereits 30, 40, 50, 60 Jahre auf diesem Planeten herumgetragen haben.
Dass sie uns ermöglicht haben, Essen, Wein, Sex, den sanften Frühlingswind und die wilden Wellen des Ozeans zu genießen. Wie könnten wir ohne Körper all das in unserem Leben haben?
Also beginne damit, deinem Körpern dankbar zu sein für das, was er dir alles ermöglicht.
Dankbarkeit ist der Schlüssel.
Eine wunderbare Möglichkeit ist es, dich nackt vor den Spiegel zu stellen.
Und deinen Körper wirklich zu sehen.
Nicht durch deine gewohnt verurteilenden Augen, sondern durch die Augen von jemandem, der dich wirklich liebt.
Das könnte Euer Partner sein oder ein Kind, das könnte Euer Hund sein.
Wie würdet Ihr Euch sehen, wenn Ihr durch die Augen Eures Hundes schauen würdet? Ihr würdet einfach einen perfekten Körper zum Liebhaben sehen.
Mach diese Übung und beginne, ein Gespür dafür zu entwickeln, wie es sich anfühlt, deinen Körper zu lieben.

Es geht darum, deine Sichtweise auf den Körper zu verändern.
Statt ihn verkehrt zu machen, ihn richtig zu machen!

Dein Körper ist eine perfekt funktionierende Maschine, ein Wahrnehmungsinstrument, eine Quelle von Freude und Genuss, der es dir ermöglicht, Spaß auf diesem Planeten zu haben! Wenn du beginnst, dankbar für deinen Körper zu sein, wirst du beginnen, ihn zu hören, statt auf ihn einzureden, mit ihm zu kommunizieren statt ihm Befehle zu erteilen und die Dinge tun, die dafür sorgen, dass es ihm gut geht!
Wie viele von uns verlangen von ihren Körpern tagein tagaus, sich zu schinden, zu hungern, sich bewerten zu lassen, um ein Ideal zu erreichen, dass nur in unseren Köpfen existiert?
Und nichts verändert sich!
Außer dass du müde wirst. Du wirst müde und bleibst hungrig und du bist der ganzen Bemühungen überdrüssig und dein Körper ist immer noch nicht das, wonach du fragst.
Der Rettungsring um den Bauch will einfach nicht weg, die Oberschenkel bleiben schwabbelig und die verdammten zehn Kilo

nach der letzten Geburt sind immer noch drauf.

Was ist das? Was vermittelst du deinem Körper? Und wie kommuniziert man überhaupt mit seinem Körper?

Körper können nicht reden, sie sprechen nicht deutsch oder englisch oder spanisch, sondern haben ihre ganz eigene Ausdrucksweise und die müssen wir beginnen zu lernen, um uns gut mit unseren Körpern unterhalten zu können. Am besten beginnst du, indem du morgens direkt nach dem Aufwachen deine Hand aufs Herz legst. Wenn du deinen Herzschlag wirklich spürst, sag „Hi Körper!" und „danke, dass wir so gut geschlafen haben. Lass uns einen wunderbaren Tag gemeinsam haben".

Vielleicht hörst du dabei auch schon eine Antwort. Ein kleiner Seufzer oder ein tiefer Atemzug. Vielleicht hast du dich ein bisschen mehr entspannt. Das war die Antwort deines Körpers. Er hat sich gefreut, von dir gehört zu werden.

Wie wäre es, wenn du deinen Körper fragen würdest, ob er frühstücken möchte?
Und dann tatsächlich auf ihn hören würdest!
Wenn er frühstücken möchte, könntest du ihn fragen, was er möchte.
Statt dein übliches Frühstück zur üblichen Zeit zu dir zu nehmen.
Du hast zwar beschlossen, dass du jeden Morgen um 7 ein Müsli isst, dein Körper hat jedoch vielleicht eher das Bedürfnis nach Rühreiern mit viel Salz und Pfeffer.
Wärst du bereit, auf ihn zu hören und deine Routine zu verändern?

Woher wissen wir, wann unser Körper „ja“ oder „nein“ sagt? Mit anderen Worten, wie lernen wir zu verstehen, auf welche Art und Weise der Körper kommuniziert?

Indem wir ihn fragen und die energetische Antwort wahrnehmen.
Wir können mit Ja oder Nein Fragen beginnen.
Zum Beispiel: Körper, willst du essen? Und dann wahrnehmen, ob er Ja oder Nein sagt.

Dafür gibt es eine einfache Übung.
Nimm einen Kugelschreiber in die Hand und frag deinen Körper „ist das ein

Kugelschreiber?" Und dann schau, wie dein Körper reagiert. Atmet er auf? Entspannt sich der Nacken? Fühlst du eine Leichtigkeit im Kopf?
Das ist das Ja deines Körpers!
Und dann erforschst du wie das „Nein" deines Körpers aussieht. Du hältst immer noch den Kugelschreiber in der Hand und fragst: „Körper, ist das eine Teetasse?" Und dann beobachte wieder, wie dein Körper antwortet. Wie fühlt sich das „Nein" an? Es könnte sein, dass du ein Kribbeln auf der Stirn spürst oder ein Zusammenziehen des Magens oder die Schultern senken sich. Das ist das „Nein" deines Körpers.
Du musst herausfinden, wie dein Körper die Information „Ja" und „Nein" übermittelt und das ist individuell so unterschiedlich wie ein Fingerabdruck.
Wenn du das so oft wie möglich übst und lernst, das „Ja" und das „Nein" deines Körper auseinanderzuhalten, hast du eine wunderbare Grundlage für die Kommunikation mit ihm. Und dann kannst du weiter fragen „Was ist es, was Du brauchst, Körper? Ist es Ruhe? Ist es Wasser? Ist es Zucker? Ist es Joggen gehen? Oder in der

Badewanne liegen? Körper, was ist es, das für Dich jetzt erforderlich ist?"
Und dann hast du immer noch die Wahl, ob du auf deinen Körper hörst oder etwas anderes tust.
Bereite dich auf Überraschungen vor. Manchmal möchte der Körper Nahrungsmittel oder Bewegungen, die du ablehnst, weil du Ansichten darüber hast, was du essen solltest und was nicht oder welche Art von Bewegung für dich angemessen ist.

Ein Beispiel: ich hatte eine Klientin, die mit ihrem Gewicht und ihrer Haut unzufrieden war. Sie hatte beschlossen, auf ihren Körper zu hören, ganz egal, was er von ihr wollte. Tatsächlich wollte er Schokolade! Und zwar ausschließlich. 3 Wochen lang gab sie ihrem Körper Schokolade und Wasser.
Danach hatte sie eine wunderbare Haut und 5 Kilo weniger. Danach hatte der Körper genug und sie konnte wieder alles andere essen. Nicht, dass das eine übliche Diät gewesen wäre. Das war der einzige Fall, von dem ich weiß, bei dem der Körper so rigoros auf Schokolade bestanden hat. Und wer weiß, was ihn dazu gebracht hat? Wie viel wurde ihm bis dahin vielleicht ein Leben voller Süße

verweigert, das er nachholen wollte und was war in der Schokolade, das er benötigt hat, um die Veränderung herbeizuführen?
Körper sind magisch. Wenn wir es ihnen erlauben, in der Frage bleiben und keine Annahmen darüber haben, was sie brauchen sollten.

Was, wenn wir Übergewicht nicht loswerden können?

Ja, was ist das eigentlich? Wenn wir alles versuchen, um unsere Kilos loszuwerden, wir jede Diät machen, Sport treiben, uns gesund ernähren...
Wenn wir alles gelesen und getan haben, um abzunehmen und nichts geschieht.
Das Gewicht bleibt, wie es ist oder wird mal weniger und mal mehr, man spricht von dem berühmten „Jo Jo Effekt".

Dann würde es sich lohnen zu fragen „was ist das?", „welche Wahl habe ich irgendwann einmal getroffen, derer ich mir gar nicht mehr bewusst bin, an die sich mein Körper aber noch erinnert und nun versucht, zu erfüllen, worum ich ihn gebeten habe mit genau dieser Wahl?"

Du fragst dich jetzt vielleicht, was irgendwelche Wahlen, die wir irgendwann einmal getroffen haben, mit Übergewicht zu tun haben.
Ganz einfach. Unsere Körper hören auf das, was wir ihnen sagen.
Und leider hören sie eben auch auf unsere unbewussten Forderungen.
Tatsächlich hören sie noch viel mehr auf unsere unbewussten als auf unsere bewussten Bitten, denn die Energie der unbewussten Forderung ist meist stärker als die der Forderungen unseres Verstandes.
Wir funktionieren also auf verschiedenen Ebenen.
Die eine Ebene ist der Verstand, der uns sagt, dass wir zu viel wiegen und abnehmen sollten.
Die andere Ebene ist unser Unbewusstes, also das, zudem wir keinen kognitiven Zugang haben.
Diese Ebene ist deswegen stärker, weil sie auf Erfahrungen beruht, die wir unterdrückt, versteckt, vergraben haben, weil sie zu schmerzhaft für uns waren.

Wir treffen also Wahlen auf Verstandesebene und auf einer unbewussten Ebene.

Diese Wahlen sind es, auf die der Körper hört, denn wir sind der Boss. Die Körper tun, worum wir sie bitten.

Welche Wahlen haben wir also in der Vergangenheit getroffen, nach denen sich unsere Körper noch immer richten, derer wir uns nicht mehr bewusst sind?

Ein Beispiel: Eine meiner Klientinnen kam zu mir, weil sie seit ihrem 16ten Lebensjahr ununterbrochen zugenommen hatte. Sie war vorher ein attraktives Mädchen gewesen, erzählte sie, schlank, hübsch und sexy. Und von einem Tag auf den anderen legte sie Gewicht zu. Vor allem am Bauch.
Ich fragte sie, was damals geschehen war. Was war geschehen, bevor sie zugenommen hatte? Sie erinnerte sich in einer Sitzung an eine Szene, in der ein wesentlich älterer Verwandter sie betatscht hatte und sie erinnerte sich an die Scham und das Schuldgefühl, das sie dabei empfunden hatte. Sie hatte die Geschichte niemandem erzählt und sie am Ende selbst vergessen und verdrängt. Von diesem Zeitpunkt an begann sie zuzunehmen.

Die Situation war ihr so unangenehm gewesen, dass sie so etwas auf gar keinen Fall mehr erleben wollte.
Auf unbewusster Ebene hat sie ihrem hübschen Körper die Schuld an diesem Übergriff gegeben und die Wahl getroffen, dass der Körper zukünftig so etwas nicht mehr herausfordern würde und deswegen weniger attraktiv werden muss.

Noch ein Beispiel: Eine andere Klientin hatte einen extrem eifersüchtigen Ehemann. Er wurde jedes Mal wütend, wenn sie die Blicke anderer Männer auf sich zog.
Um der Wut ihres Mannes zu entgehen und die Ehe zu retten, hatte sie ihrem Körper unbewusst zu verstehen gegeben, dass er weniger sexy sein sollte und prompt legte sie an Gewicht zu.
In unserer Sitzung wurde ihr klar, worum sie ihren Körper gebeten hatte und ihr wurde klar, dass es andere Möglichkeiten gibt, eine Beziehung zu verändern. Sie erkannte, dass sie ihren Körper nicht verstecken muss, um die Ehe zu retten.
Danach war es ihr möglich, das Übergewicht zu verlieren.

Wie viele Frauen haben das Gefühl, exponiert und auffällig zu sein, ein Opfer zu sein von Blicken, Kommentaren, Übergriffen und Missbrauch? Wie viele Frauen haben deswegen beschlossen, ihren Körper so zu verändern, dass er eben nicht mehr so attraktiv ist?
Wenn wir uns bewusst werden, dass unsere Körper dem folgen, was wir wählen, dann müssen wir sie nicht dafür verkehrt machen, wie sie sich verändern. Wir können neue Wahlen treffen und unserem Körper diese neue Wahlen kommunizieren.

Wenn sich dein Gewicht nicht so verändern will, wie du das möchtest, dann beginne damit, Fragen zu stellen. „Welche Wahl habe ich getroffen, die ich vergessen habe, mein Körper aber nicht und die noch immer bestimmt, was mein Körper mir liefert?"
Und dann entspanne dich und lass aufsteigen, was da aufsteigen mag.
Und dann wird irgendwann eine Erkenntnis kommen, du wirst dich vielleicht an ein Erlebnis aus der Kindheit erinnern, oder dir fällt ein, wie jemand etwas über deinen Körper gesagt hat, das dich verletzt hat.

Wenn dir so etwas bewusst wird, dann kannst du die Szene revidieren. Du gehst zurück zu diesem Moment und schreibst die Geschichte um. Du lässt zum Beispiel die Person etwas Nettes über deinen Körper sagen und spürst deine Freude darüber.
Wenn du eine vergangene Geschichte umschreibst und sie mit einem neuen Gefühl verknüpfst und beständig in diesem Gefühl bleibst, dann wirst du auch deinem Körper eine neue Perspektive geben. Statt sich zu verstecken, wird er beginnen, sich in seiner ganzen Pracht zu zeigen!

Und du hast damit eine neue Wahl getroffen. Wenn du weißt, aus welchem Grund du beschlossen hast, dich zu verstecken und die Szene revidiert hast, dann wirst du aus einem neuen Gefühl heraus denken und handeln und so kommunizierst du deinem Körper, dass du eine andere Wahl getroffen hast.
Du hast beschlossen, dich ab jetzt zu zeigen!
Dich und deinen Körper.
In dem Bewusstsein, dass du erwachsen und ein Powerhouse bist.
In dem Bewusstsein, dass du jederzeit „Nein“ sagen kannst.

In dem Bewusstsein, dass du Bewunderung genießen kannst, ohne dich schuldig zu fühlen.

Welche Fragen kann ich stellen, um so viel Geld zu haben, wie ich mir wünsche?

Es gibt kaum etwas, über das wir so viele Ansichten haben wie über Geld.

Geld ist schmutzig.
Geld regiert die Welt.
Geld macht nicht glücklich.
Bei Geld hört die Freundschaft auf.
Geld macht egoistisch.
Reiche Leute sind Faulenzer, arrogant, böse Menschen.
So viel Geld kann man nur haben, wenn man irgendjemanden betrogen hat.
Wer reich ist, beutet andere aus.
Geld wächst nicht auf Bäumen.

In unserem Kopf schwirren diese Ansichten herum wie ein Bienenschwarm und sie sind nicht einmal unsere eigenen. Der „Volksmund“ hat sie uns erzählt und sie sind hängen geblieben.

Wir haben sie so oft gehört, dass sie uns absolut wahr erscheinen.

Mit anderen Worten: wir haben eine Menge Gründe, warum wir Geld nicht mögen.
Oder zumindest die Leute, die Geld haben.
Würden wir also uns mögen, wenn wir Geld hätten?
Wie viele Bewertungen haben wir über reiche Menschen? Die dumme Sache ist, dass alle Ansichten, die wir über „Leute mit Geld“ haben, auf uns zutreffen würden, wenn wir reich wären! Wir weigern uns unter Umständen, Geld zu haben, um uns nicht so bewerten zu müssen, wie wir reiche Leute bewerten. Und um von anderen nicht so bewertet zu werden.

Das geschieht natürlich unbewusst. Unser Verstand sagt uns, wir möchten Geld haben, wir sollten Geld haben, mit Geld wäre alles viel leichter! Und dann bemühen wir uns, Geld zu bekommen und unbewusst tun wir gleichzeitig alles, um genau das zu verhindern, weil unsere Annahmen über Geld uns im Weg stehen.

Und unsere Ansichten über Geld haben wir in unserer Kindheit abgekauft.
Wenn wir Eltern hatten, die sich ununterbrochen über ihre finanzielle Situation gestritten haben, dann haben wir vielleicht beschlossen, dass wir kein Geld haben sollten, denn Geld führt zu Streit.
Oder wir hatten einen Vater, den wir kaum zu Gesicht bekommen haben und wir haben beschlossen, dass Geld bedeutet, hart zu arbeiten und keine Zeit für die Familie zu haben.
Oder unsere Eltern hatten ständig Geldsorgen und haben uns damit beruhigt, dass Geld ohnehin nicht glücklich macht.

Alles Ansichten, die uns nicht dienlich sind, wenn wir Geld haben wollen.

Was braucht es also, um diese Ansichten los zu werden?

Du kannst damit beginnen, deine eigenen Ansichten über Geld unter die Lupe zu nehmen.
Mach ein Spiel daraus:
Frag dich: „Welche Ansichten habe ich über Geld, die mich daran hindern, Geld zu haben?“

Und dann lass dich davon überraschen, was dir dazu alles einfällt.
Und bei jeder einzelnen Ansicht, frag dich: „Ist das eigentlich meine Ansicht?"
„Wo hab ich das gehört?" „Wer hat mir das gesagt?" „Wer in meiner Familie hat das gedacht?"
Du wirst feststellen, dass jede einzelne dieser Ansichten von irgendwoher kommt. Keine einzige ist tatsächlich deine Ansicht, du hast sie nur abgekauft und real gemacht.
All diese Ansichten hast du aus den Köpfen der anderen heraus geholt, sie stammen aus deiner Kindheit, basierend auf dem, was du mit deinen Eltern in Bezug auf Geld erlebt hast, sie gründen auf deiner derzeitigen finanziellen Realität, auf dem, was du in Büchern gelesen und was du in Filmen gesehen hast.

Und dann kannst du all diese Ansichten getrost loslassen. Sie waren dir bisher nicht von Nutzen und es ist sehr unwahrscheinlich, dass sie dir zukünftig dabei helfen werden, Geld zu machen.

Und wie lässt man diese Ansichten los? Indem man seine Annahmen revidiert.

Wenn uns eine Szene einfällt, die uns als Kind beeindruckt hat und wir entdecken, dass wir seitdem die gleiche solide Annahme über Geld mit uns herumtragen, dann schreiben wir die Szene um.
Wenn wir uns also zum Beispiel daran erinnern, wie wir unsere Großeltern belauscht haben, die darüber gesprochen haben, wie sie ihr Vermögen verloren haben und welches Elend das für sie bedeutet hat und wir uns weiter daran erinnern, wie sehr uns das erschreckt oder verwirrt hat.
Und dann entdecken wir, dass wir die Annahme haben, das Geld einem immer weggenommen wird und es deswegen besser ist, keines zu haben.
Das ist eine wunderbare Entdeckung und wir können die Szene revidieren, indem wir unsere Großeltern sagen hören, dass Geld etwas ist, das ganz selbstverständlich kommt und die Freude und die Sicherheit spüren, die in dieser Erkenntnis liegt.
Und wir können uns immer wieder an dieses Gefühl von Sicherheit erinnern.
Und wir werden zum Beobachter unserer Gedanken. Wenn wir uns dabei erwischen, dass wir negative Gedanken über Geld haben,

dann können wir eine andere Wahl treffen und stattdessen etwas Positives denken!

Du könntest stattdessen denken: „Geld kommt mit Leichtigkeit zu mir." „Mit Geld kann ich mein Leben und das der anderen viel leichter verändern als ohne." „ Geld ist eine wunderbare Sache!"

Was wäre, wenn Geld ebenso selbstverständlich und verfügbar wäre wie die Luft zum Atmen?

Das ist es, wohin du kommen musst. Geld ist da. Es ist für mich da. Es gibt keinen Mangel. Wenn ich es wirklich wähle, dann kommt es. Wenn ich es wirklich will, dann kann ich es erschaffen!
Wenn du Geld also wirklich willst, du keine Ansichten darüber hast und es für so selbstverständlich hältst wie die Luft zum Atmen, du bereit bist Geld zu empfangen, genauso wie die Bewertungen, die andere über reiche Leute haben, dann kann dich nichts mehr aufhalten.

Frag‘: „Was braucht es, damit ich mehr Geld habe, als ich mir jemals hätte vorstellen

können?“ oder „Wie würde ich mich fühlen, wenn ich so viel Geld hätte, dass ich mir nie mehr Sorgen darüber machen müsste?“ und „Was kann ich heute anderes tun als gestern, um Geld zu machen?“
Und hab auch keine Annahmen darüber, wie Geld in dein Leben kommt. Es kommt meist auf völlig anderen Wegen, als du dir vorstellen kannst.
Wir alle haben Schlussfolgerungen darüber, woher Geld kommen sollte oder könnte. Man kann es sich verdienen oder erben, ein Lottogewinn ist auch möglich und sehr viel mehr Ideen fallen uns dann schon gar nicht ein. Da ist aber noch so viel mehr möglich als das, was wir in Betracht gezogen haben.

Ein Beispiel: Vor einigen Jahren hatte ich mir alte Fotos von einem Familienausflug nach Barcelona angeschaut und dachte so bei mir, „Wäre es nicht schön, mal wieder nach Barcelona zu fliegen? Ein Wochenende lang die Stadt genießen... also was braucht es, dahin zu kommen und zwar, ohne dafür zu bezahlen?“
Ich habe also diese Frage gestellt. Ich habe gespürt, wie ich mich fühlen würde, wenn ich dort wäre dann habe ich losgelassen und nicht

weiter darüber nachgedacht. Drei Tage später bekam ich eine Email eines alten Schulkameraden, mit dem ich mich schon lange wieder einmal treffen wollte.
Er lebte nun aber in Frankreich, ich in Österreich und er hatte Flugangst, was immer verhindert hatte, dass wir uns treffen.
Und plötzlich schreibt er: „Hast Du Lust, ein Wochenende mit mir zu verbringen? In irgendeiner Stadt, die ich mit dem Auto erreichen kann. Du suchst die Stadt aus und ich übernehme alle Reisekosten wie Flug, Hotel und Essen." Und ich hatte folgende Städte zur Auswahl: Paris, Lissabon oder Barcelona.
Da war sie nun also: meine Barcelona Frage und Vorstellung. So kam ich zu meinem Wochenende, ohne dafür bezahlen zu müssen. So ist Geld zu mir gekommen. Nicht in Form von Münzen oder Scheinen, sondern in Form des Wochenendes, nach dem ich gefragt hatte. Glaub nicht, dass Geld, Reichtum, Wohlstand und Vermögen immer von Euro oder Dollar abhängig sind. Was für Möglichkeiten gibt es sonst noch, die du bisher gar nicht in Betracht gezogen hast?

Wenn du erst einmal anfängst, das entgegenzunehmen, was dir angeboten wird, wird mehr davon kommen.
Wenn du die Annahme hast, dass Geld immer zu dir kommt, wird es kommen.
Das ist das Gesetz des Universums. Und vergiss nicht, dankbar zu sein für das, was dir geschickt wurde. Sei dankbar und stell die nächsten Fragen:

„Was brauchts, um noch mehr davon zu haben?"

„Was, wenn das der Beginn von etwas wäre, das noch viel großartiger ist, als ich es mir hätte vorstellen können?"

„Wenn ich bereits so viel Geld hätte, dass ich mir nie wieder Sorgen machen müsste, was würde ich wählen?"

Wenn du Geld in dein Leben bringen willst, dann sieh' dir deine Ansichten über Geld an, die dich daran hindern, Geld zu haben. Lass sie los und frag, was es braucht, mehr Geld zu kreieren, als du dir jemals hättest vorstellen können!

Und dann stell dir vor, wie du dich fühlen würdest, wenn dein Wunsch bereits erfüllt wäre und bleibe in diesem Gefühl.

Und noch ein Hinweis.
Schau dir die Menschen an, mit denen du die meiste Zeit verbringst.
Sind das Leute mit Geld oder ohne Geld?
Jemand hat mal gesagt, dass die 20 Leute, mit denen wir am häufigsten zusammen sind, uns Aufschluss darüber geben, wie wir in 20 Jahren sein werden. Ich weiß nicht mehr, wer es gesagt hat, aber da ist etwas Wahres dran.
Wenn du also feststellst, dass deine Freunde hauptsächlich aus der Schlussfolgerung funktionieren, dass Geld Mangelware ist und dass „reich sein" nur was für die anderen ist, dann such dir neue Freunde.
Such die Gesellschaft von netten Menschen, die Geld haben oder begib dich in eine wohlhabende Umgebung. Such dir das nobelste Viertel in deiner Stadt, geh dort spazieren oder fahre mit dem Auto die Straßen entlang und stell dir vor, dass du hierher gehörst. Schau dir die Häuser an und frag dich, welches davon dir gefallen könnte.
Du wirst vielleicht bemerken, dass du schüchtern wirst, dass du dir nicht vorstellen

kannst, in so einer Villa zu wohnen. Oder du beginnst, wütend zu werden, dass die „anderen“ sich so etwas leisten können und du nicht. Oder vielleicht bemerkst du, dass du dir erzählst, dass die Leute in den Häusern wahrscheinlich sowieso nicht glücklich sind. Freu dich darüber, denn da hast du schon wieder ein paar Ansichten entdeckt, die dich daran hindern, Geld zu haben.
Geld ist neutral, unsere Annahmen machen es zu etwas, das wir bewerten müssen. Das Ziel ist es, keine Ansichten mehr zu haben und zu wählen, ob und wie viel Geld man in seinem Leben haben will.
Stell dir Geld als Benzin vor. Wenn der Tank deines Autos leer ist, dann fährst du zur nächsten Tankstelle und befüllst ihn. Du fragst dich nicht, ob das Benzin gut oder schlecht ist, du stellst nicht in Frage, dass dein Auto Benzin zum Fahren benötigt und du fragst auch nicht, ob es dein Auto verdient hat, betankt zu werden.
Hör also auf, Geld als gut oder schlecht zu bewerten, sieh es als Treibstoff für dein Leben.
Sieh es als Mittel, die Dinge zu tun, für die du hierher auf diesen Planeten gekommen bist! Wenn du wunderbare Dinge erschaffen und

tun willst, kannst du das leichter mit oder ohne Geld? Wenn die Antwort ist „mit Geld", dann ist es sogar deine Pflicht Geld zu haben, um die Welt nicht all der wunderbaren Dinge zu berauben, die nur du in die Existenz bringen kannst.
Sei dankbar für jeden Cent, der zu dir kommt und frag nach mehr!
Blicke auf dein Leben zurück und sieh all das Geld, das du bisher kreiert hast, werde dir bewusst, dass du eine wandelnde Geld-Kreations-Maschine bist und stell dir vor, wie viel mehr Geld du in Zukunft kreieren wirst. Du könntest tatsächlich zusammenrechnen, wie viel Geld du bisher in deinem Leben gemacht hast und dich über die Summe wundern!

In Wahrheit können wir alles haben, wonach wir fragen, wenn wir die Ansichten darüber loslassen, ob wir es können, dürfen oder sollten und ob es möglich oder unmöglich ist.

Welche Fragen kann ich stellen, um eine glückliche Beziehung zu kreieren?

Was ist eine glückliche Beziehung? Vor allem eine, die für dich funktioniert. Und dazu musst du erst einmal wissen, was für dich funktioniert. Bist du jemand, der gern Gesellschaft hat oder genießt du es, alleine zu sein? Bist du jemand, der gern im Team arbeitet oder bist du eher ein Eigenbrötler? Kuschelst du gern im Bett oder breitest du dich aus und brauchst dein Bett für dich allein? Du musst wissen, was für dich erforderlich ist und das für dich einfordern...von dir!

Die meisten Leute gehen eine Beziehung ein und beginnen dann mit dem stetigen Prozess der Anpassung an die andere Person. Man hat uns gesagt, wir müssten Kompromisse schließen, wenn wir in einer Beziehung sind, auch mal nachgeben, auch mal verzichten. Ich finde das nicht.

Ich schlage dir vor, eine Beziehung einzugehen, wenn sie dein Leben ausdehnt, dich stärker und glücklicher macht und dir erlaubt zu sein und zu tun, was immer du sein und tun willst. Und dem anderen das ebenso zu ermöglichen.
Also werde dir bewusst, was du brauchst und dann tu alles dafür, damit du es bekommst.
Du tust das, indem du Fragen stellst und dir vorstellst, wie du dich fühlen würdest, wenn dein Wunsch bereits erfüllt wäre.
Und du stellst dir deinen Partner so vor, wie du ihn gerne hättest!
Ich habe festgestellt, dass das Wunder wirkt.
Wir haben nämlich auch über unsere Partner solide Annahmen und können uns gar nicht vorstellen, dass er sich anders als gewohnt benehmen könnte.
Wenn wir die Annahme haben, dass unser Partner kein Selbstbewusstsein hat und immer weiter erwarten und uns vorstellen, wie genervt wir sind, wenn er uns wieder von seinen Unsicherheiten erzählt, dann wird nichts anderes geschehen.
Wenn wir uns ihn aber als selbstbewusste Persönlichkeit vorstellen, werden wir plötzlich anders mit ihm umgehen, ihm andere Dinge sagen und eines Tages

feststellen, dass er tatsächlich etwas getan hat, das ein selbstbewusster Mensch tun würde. Wenn du in einer Beziehung bist, die nicht deinen Wünschen entspricht, die du aber behalten willst, dann kannst du mit der Frage beginnen:

Was ist erforderlich, damit sich das mit Leichtigkeit verändert?

Morgens, wenn du aufwachst, stell die Frage: Was kann ich heute anderes tun und sein, das ich noch nicht getan habe oder gewesen bin?

Und schließlich:
Wie würde ich mich fühlen, wenn meine Beziehung so wäre, wie ich sie mir wünsche?

Und dann bleib und handele aus diesem Gefühl des bereits erfüllten Wunsches heraus.

Und denke daran, wenn du Veränderung haben willst, dann musst DU etwas verändern. Es genügt nicht, von einer glücklichen Beziehung zu träumen. Du musst sie dir aktiv vorstellen und wissen, wie du dich fühlen willst, wenn sie so ist, wie sie für dich funktioniert. Damit wirst du dich verändern und automatisch etwas anderes tun als das, was du bisher getan hast.

Es ist tatsächlich so, dass wir uns verändern, wenn wir uns bewusst etwas anderes vorstellen und danach fragen.
Und diese Veränderung ist etwas, das wir gern vermeiden.

Die meisten Menschen schrecken vor Veränderung zurück, weil sie Veränderung mit Verlust gleichsetzen. Wir müssen etwas aufgeben, um etwas anderes zu haben.
Wir müssen unser altes Selbst aufgeben, um ein neues Selbst zu werden.
Wir müssen unsere Art der Beziehung aufgeben, um eine neue Beziehung zu haben.
Wir müssen liebe Gewohnheiten aufgeben, die zwar so bequem sind wie ein paar alte Hausschuhe, deren Anblick uns aber keine Freude mehr bereitet.
Es ist Zeit, die alten Hausschuhe durch neue zu ersetzen und ebenso die alten Gewohnheiten, die uns nicht glücklich machen.

Ein absoluter Beziehungskiller sind Erwartungen. Wenn wir etwas von der anderen Person erwarten, das in unserem Kopf existiert und der andere diese Erwartungen nicht erfüllt, dann ärgern wir uns und machen den anderen dafür verkehrt, dass er unseren Erwartungen nicht entsprochen hat. Erwartungen, die, wie gesagt, nur in unserem Kopf existieren, nie ausgesprochen werden und den anderen kalt erwischen, wenn wir sie ihm als Vorwurf präsentieren, nachdem er sie nicht erfüllt hat. Wir projizieren unsere Wünsche und Vorstellungen auf den anderen und sind enttäuscht, wenn unser Partner oder unsere Partnerin dem nicht entspricht.

Ein Beispiel: Du hast Geburtstag und hast deinem Mann gesagt, dass du keine Geschenke willst. Ihr spart gerade für den Urlaub und du versicherst ihm, dass du heldenhaft auf das Armband oder die Kette oder die Handtasche verzichtest, weil dir der Urlaub wichtiger ist. Und dann ist dein Geburtstag da und er hat kein Geschenk für dich. Du bist enttäuscht und wütend, denn er hätte dir doch wenigstens eine Kleinigkeit schenken können. Hat er aber nicht. Er hat dir tatsächlich geglaubt, dass du kein Geschenk willst, statt deine Gedanken zu

lesen und zu wissen, dass du sehr wohl eines wolltest!
Das ist die enttäuschende Nachricht: Männer können in den seltensten Fällen Gedanken lesen und tun meist, was man ihnen sagt.
Die gute Nachricht ist: wenn wir das wissen, können wir uns darauf einstellen und ihnen sagen, was wir wollen!

Am besten also ist es, wenn wir unsere Vorstellungen und Erwartungen über Bord werfen. Wie wäre es, wenn wir uns den Menschen an unserer Seite stattdessen ansehen würden und bereit wären zu erkennen, wie er funktioniert?
Wenn du abends im Bett liegst, dann frag dich: Wo funktioniere ich aus Erwartungen an meinen Partner heraus und was würde ich über ihn wirklich wissen, wenn ich keine Erwartungen habe?
Mit dieser Frage könnten wir uns so einige Schleier von den Augen streifen, durch die zu schauen wir gewohnt sind und Klarheit bekommen über den Menschen an unserer Seite.
Damit wird es einfacher für uns und den anderen.

Und frag: Wie würde ich ihn sehen, wenn wir keine gemeinsame Vergangenheit hätten? Wenn du ihn jeden Tag mit frischem Blick betrachten könntest, ohne belastet zu sein von vergangenen Streitereien und Verfehlungen? Sozusagen ein täglicher Hausputz im Verstand, der einen sauberen Boden hinterlässt, auf dem ihr beide stehen könnt, ohne den Schmutz der vergangenen Beschuldigungen und Enttäuschungen unter euren Füßen.
Wenn du die alten Verletzungen los lässt, dann ist da kein versteckter Groll mehr, der ohnehin kein guter Nährboden für eine Beziehung ist.

Und übrigens, verletzt zu sein, oder vielmehr, sich verletzt zu fühlen ist auch eine Wahl!
Ich habe manchmal das Gefühl, dass die Leute glauben, so eine Art Recht auf Verletzt-Sein zu haben. Es ist diese Rechtschaffenheit, die besagt, ich habe Recht und du hast Unrecht. Jetzt wo du etwas getan hast, dass ich als falsch bewerte, nehme ich mir das Recht heraus, verletzt zu sein…und genieße es. Denn mit meiner Verletztheit kann ich dir die Schuld daran geben, dass ich mich schlecht fühle.

Sorry Leute, das funktioniert nicht. Zumindest nicht wenn man seinen Seelenfrieden bewahren und gleichzeitig eine glückliche Beziehung aufbauen möchte.
Das bedarf natürlich der Bereitschaft anzuerkennen, dass wir wählen können, wie wir uns fühlen. Statt zu glauben, wir wären unseren Gefühlen ausgeliefert.

Ein Beispiel: Eine meiner Klientinnen hatte mich angerufen, weil sie ganz plötzlich von ihrem Mann verlassen worden war. Sie war in Tränen aufgelöst, die Zukunft erschien ihr so trostlos wie die Wüste Gobi und da war keine Freude in ihrer Welt...alles hatte sich aufgelöst in Traurigkeit, Verzweiflung und Hoffnungslosigkeit. Ich hab sie dann nach ihrem Urlaub gefragt, in dem sie ein paar wunderschöne, inspirierende Begegnungen mit Pferden gehabt hatte. Und schlagartig hat sie sich verwandelt. Während sie mir von ihren Erlebnissen erzählte, sprühte sie vor Begeisterung. Ihr Körper richtete sich auf, ihre Augen begannen zu funkeln und ihre ganze Energie war die eines glücklichen Kindes.

Noch ein Beispiel: eine Klientin kontaktierte mich, weil sie tief in Trauer wegen ihres

Bruders war, der im Sterben lag. Sie kümmerte sich aufopferungsvoll um ihn und in einem Nebensatz erwähnte sie, dass sie Karten für eine Show geschenkt bekommen hatte und nun leider nicht hingehen konnte, weil ihr Bruder ja jeden Augenblick sterben konnte. Gleichzeitig erzählte sie mir begeistert von dieser Show und wie sehr sie ihr gefallen würde. Ich ermunterte sie also, die Karten zu nutzen und nach einigem zweiflerischen „das kann ich doch nicht, während mein Bruder im Sterben liegt“ versprach sie mir, hinzugehen. Am nächsten Tag rief sie mich wieder an und erzählte mir, was für ein wunderbarer Abend es war und wie sehr sie sich amüsiert hatte. Und sie hatte eine neue Erkenntnis gewonnen. Unsere emotionalen Zustände sind nicht in Stein gemeißelt und wir können sie verändern.

Wenn das so ist, dann können wir alles verändern. Jedes Gefühl, jede Emotion. Wenn wir uns also verletzt fühlen, können wir uns fragen: Funktioniert das für mich? Was bewirke ich damit? Was könnte ich stattdessen wählen? Wie will ich mich fühlen? Und wir könnten uns fragen: Will ich lieber recht haben oder frei sein?

Und es ist für mich sehr erstaunlich und immer wieder erheiternd, wie viele Menschen lange darüber nachdenken und sich tatsächlich für „Recht haben" entscheiden. Was wieder einmal zeigt, wie sehr wir von der Vorstellung von Richtig und Falsch geprägt sind und wie bedeutsam wir es gemacht haben, gewinnen zu müssen. Könnten wir das loslassen, wüssten wir, dass wir jederzeit wählen können, wie wir uns fühlen wollen.

Und noch ein Beispiel: du fühlst dich furchtbar, weil du die Grippe hast, einen schmerzenden Zahn inklusive geschwollener Backe oder Durchfall. Und dein Liebster schaut dich an und findet das cool, dass du im Bett liegst und süß aussiehst und er bekommt Lust auf dich. Jetzt hast du die Wahl. Du kannst denken „was für ein unsensibler Trottel" oder du kannst denken „oh, er will mich, egal wie ich aussehe".

Siehst du die Wahl in jedem Moment in deiner Beziehung? Siehst du, wie du verantwortlich bist für deine Gefühle? Aus ist es mit Schuldzuweisung, dem Vorwurf und dem Jammer. Du kannst wählen, wie du dich fühlst in deiner Beziehung.

Und kannst du sehen, wie du dadurch deine Realität und damit dich und deine Beziehungen erschaffst?
Und kannst du sehen, welch unglaubliches Geschenk das für deine Beziehung ist? Du bist derjenige oder diejenige, die wählt, wie du dich fühlst. Und damit hat nichts Macht über dich, was der andere tut oder sagt. Du kannst wählen, welchen Einfluss du dem gibst.

Und ich lade dich dazu ein, über dich zu bestimmen und dich nicht von den Taten und Intentionen anderer bestimmen zu lassen.
Und dann zu fragen: Funktioniert diese Beziehung für mich? Und wenn nicht, dich frei fühlen, in ihr zu bleiben oder sie zu verlassen.

Welche Fragen kann ich stellen, um Leichtigkeit mit meinen Kindern zu haben?

Hier geht's um Erziehung. Ich verwende das Wort allerdings eher ungern. Es erinnert mich zu sehr daran, wie Eltern an ihren Kindern herumgezogen haben und immer noch herumziehen, um sie so hinzukriegen, wie sie sie gerne hätten.
Dabei ist es gleichgültig, wie alt die Kinder sind....so manche 70jährigen Mütter oder Väter versuchen immer noch, ihre 50jährigen Söhne oder Töchter zu dem zu machen, was sie als richtig und angemessen für sie empfinden.
Tatsächlich glaube ich, dass wir gar nicht so viel verändern können an unseren Kindern. Sie sind wie sie sind und treffen ihre eigenen Wahlen.

Viele Menschen behaupten, dass die erste Wahl eines jeden neugeborenen Babys auf diesem Planeten die Wahl der Eltern ist. Das heißt, jedes Baby sucht sich seine Eltern aus,

wird nicht durch Zufall in diese Familie, an diesen Ort, in diese Zeit hinein geboren.
Das ist ja schon mal eine Erleichterung. Wenn unsere Jungs und Mädels sich uns ausgesucht haben, dann sind sie selbst schuld an all dem, was sich daraus entwickelt.

Wobei ich nicht sagen möchte, dass wir gar nichts damit zu tun haben, wenn unsere Kinder glücklich, erfolgreich, gesund und munter sind. Und dass wir nichts damit zu tun haben, wenn sie unglücklich und mutlos sind. Wir können ihnen eine Umgebung schaffen, in der sie verkümmern, verarmen oder verängstigt werden. Und wir können ihnen eine Umgebung schaffen, die dafür sorgt, dass sie sich wohl fühlen und ihnen damit die Möglichkeit geben, die beste Version ihrer selbst zu werden, die sie nur werden können. Das sind unsere Möglichkeiten.

Ich gehe jetzt mal davon aus, dass wir alle den Wunsch haben, eine Umgebung für unsere Kinder zu sein, die ihnen erlaubt, glücklich und erfolgreich zu sein und zu bleiben.

Wie tun wir das?

Was können wir tun und sein, damit unsere Kinder sich sicher fühlen, stark sind und wissen, wer sie sind und was sie können?

Das ist schon mal eine wunderbare Frage, um anzufangen. Wenn wir beständig in der Frage sind, was wir sein und tun können, um unseren Kindern zu liefern, was für sie erforderlich ist, dann werden wir automatisch tun oder sein, was eben nötig ist.

Und gleichzeitig bleiben wir in der Frage: Funktioniert das für mich?

Denn eine Mutter - oder ein Vater - zu sein bedeutet nicht der Fußabstreifer, Diener oder Sklave der bezaubernden Brut zu sein.

Als Eltern müssen wir wissen, was für uns und unser Wohlbefinden erforderlich ist und bereit sein, uns das zu geben.
Aus dieser Position heraus betreiben wir unsere Fürsorge....für uns und für unsere Kinder.
Denn denk doch nur mal nach: welches Beispiel gibst du als Mutter deiner Tochter oder deinem Sohn, wenn du niemals an dich denkst, sondern immer nur für andere da

bist? Deiner Tochter wirst du vermitteln, dass Frauen und vor allem Mütter so zu sein haben und dein Sohn wird erwarten, dass seine künftige Frau ihre Bedürfnisse zurücksteckt, um seine zu erfüllen.
Männer haben als Väter meiner Erfahrung nach seltener diesen Drang, die Bedürfnisse aller anderen über die ihren zu stellen. Was kein Wunder ist...siehe oben.

So viele verstricken sich als Mutter oder Vater in all den Vorstellungen, die wir darüber haben, was es bedeutet, die perfekte Mutter oder der perfekte Vater zu sein. Und das ist es, was wir wollen: perfekt sein, alles richtig machen.

Das geht nicht. Es gibt kein perfekt und es gibt kein richtig. Es gibt nur genau richtig in diesem Moment, in dieser Situation, für diese Person. Und dieses „genau richtig" kann auch mal ein Ausrutscher sein, ein emotionaler Dammbruch, ein „Erziehungsfehler".
Wer weiß schon, was Verletzlichkeit bewirkt. Wenn wir uns zeigen, wie wir sind. Wenn wir unseren Kindern zeigen, dass Ausrutscher möglich sind und nicht dazu führen, dass eine Beziehung dadurch zerstört wird.

Wenn wir uns für unsere Unperfektheiten nicht verkehrt machen und auch unseren Kindern vermitteln, dass nichts an ihnen falsch ist, haben wir die Kiste nicht in den Sand gesetzt.

Das ist für mich der Mittelpunkt jeder Beziehung und eben auch der Mittelpunkt unserer Beziehung zu unseren Kindern.

Wenn wir uns und die anderen nicht bewerten, sondern uns und den anderen erlauben, Fehler zu machen, dann ist alles gut. Das ist eine Wahl und ein kluger Mann hat mal gesagt: „Die größte Freiheit ist es, anderen zu erlauben, ihre eigenen Wahlen zu treffen". Und ich möchte noch hinzufügen, dass es dazu erforderlich ist, uns selbst zu erlauben, unsere Wahlen zu treffen, egal was andere davon halten. Das heißt, uns selbst nicht zu verurteilen, weil wir wählen, was für uns funktioniert und das vermeintlich gegen andere gerichtet ist.

Ein Beispiel: Ich wollte immer die perfekte Mutter sein. War alternativ pädagogisch versiert, bereit, alles zu geben, um alles richtig zu machen. Bis ich irgendwann realisiert habe, dass ich nicht einmal mehr wusste, was ich will. Dahin vegetiert bin, funktioniert habe und keinen Schimmer mehr hatte, was mir Spaß machen würde. Mein ganzer Fokus war darauf gerichtet, die perfekte Mutter zu sein. Meine Kinder haben das wenig geschätzt. Tatsächlich entdeckte ich, dass ich zur Sklavin meiner Kinder geworden war, die das nicht einmal bemerkt und noch viel weniger gebraucht haben.

Ich weiß noch, wie ich eines Abends an meinem Küchentisch saß und dem unverkennbar alkoholisierten Lärm aus unserem Partykeller lauschte, den wir natürlich nur hatten, weil ich der Überzeugung war, dass Jugendliche einen eigenen Rückzugsraum brauchen.
Ich hätte mir ebenso gut den Raum als Trainingsraum für übergewichtige Mütter einrichten können und damit MEINEN Rückzugsraum gehabt.

Ich saß also da und lauschte und in meinem Bauch machte sich ein mulmiges Gefühl breit.

Statt in pädagogischer Erlaubnis zu sein für die Erfahrungen, die die Kids gerade sammelten, war ich sauer. Stinksauer.

Wie komme ich dazu, dem Gegröle und Geklirre und Gescheppere zuhören zu müssen? Was tun die da eigentlich gerade? Holen die sich gerade eine Alkoholvergiftung, während ich hier auf meinem pädagogisch wertvollen Hintern sitze und mir weiter erzähle, dass ich alles „richtig" mache? Dass man als fortschrittliche Mutter so zu sein hat? Was, wenn mir das völlig egal wäre und ich einfach nur tun und erlauben würde, was für mich funktioniert?
Und in diesem Moment entdeckte ich, welcher Lüge ich aufgesessen war.

Ich wollte perfekt sein als Mutter und hatte vergessen, dass es mich ja auch noch gab. Mich, meine Bedürfnisse und den Anspruch an mich selbst, Respekt für MICH einzufordern. Glasklar war das plötzlich in meiner Welt.

Und ich stand auf, die Ruhe selbst, marschierte die Treppe hinunter, hinein ins Getümmel und stand inmitten von etwa 20 alkoholisierten und durchaus fröhlichen

Teenagern und brüllte: „Musik aus!“ Das Brüllen war erforderlich, um die Bässe aus den Lautsprechern zu übertönen.
Ich war nicht mehr wütend, ich war sehr ruhig und klar und entsprechend kam meine Ansage:

„Die Party ist aus. Für mich funktioniert das nicht, dass ihr hier sauft und grölt. Ihr habt die Wahl: entweder ihr geht nach Hause oder ihr bleibt und räumt hier auf.“
Während mein Blick angewidert über die Flaschen, Gläser, Aschenbecher, Pfützen und glasigen Augen schweifte.
Meinem protestierenden Sohn sagte ich nur: „Für dich gilt das gleiche. Entweder du räumst auf oder du verschwindest.“

Es hat funktioniert! Der Keller wurde aufgeräumt, die Party war zu Ende und ich hatte meine Ruhe. Und erstaunlicherweise hat diese eine Aktion alles verändert.
Von diesem Zeitpunkt an habe ich mich gefragt, was für mich funktioniert.

Einer meiner Jungs wollte irgendwo hingefahren werden...

Ich hab mich gefragt: Funktioniert das für mich? Was bringt mehr? Ihn zu fahren, oder wie geplant die Küche aufräumen? Und je nachdem habe ich mit „ja“ oder „nein“ geantwortet. Und das „nein“ wurde ohne Widerspruch hingenommen, das „ja“ mit einem „Danke!“ erwidert.

Eine zweite wichtige Frage, die ich gelernt habe zu stellen ist: „Was weißt du?“

Das mag simpel klingen, aber denk‘ doch nur mal nach, wie oft wir unsere Kinder tatsächlich fragen, was sie wissen? So gut wie nie, oder?
Wie oft setzen wir voraus, dass wir wissen und sie keine Ahnung haben und demzufolge von uns belehrt werden müssen?

„Was weißt du?“ ist eine magische Frage, wenn wir sie stellen, ohne eine Antwort zu erwarten.
Denn oft gibt es ohnehin nicht mal eine verbale Antwort auf diese Frage, sondern nur eine Art Innehalten, die Raum schafft für neue Möglichkeiten.

Wenn wir diese Frage unseren Kindern stellen, dann erreichen wir dadurch zum einen, dass sie sich gehört und gesehen und ernst genommen fühlen. Wir ermächtigen sie dazu, zu wissen, dass sie etwas wissen. Und das ist eine Ermächtigung, die wir nicht unterschätzen sollten.

Zum anderen nutzt diese Frage uns selbst! Wir kommen raus aus der ewigen Verantwortung, jedes Problem lösen zu müssen und für alles verantwortlich zu sein, als wären wir der liebe Gott unserer Kinder, der immer dafür sorgt, dass alles gut wird.

Ich weiß nicht, wie es dir damit geht, aber ich hatte es irgendwann satt, die allmächtige Mutter zu sein, die weiß, wo die fallen gelassenen Socken liegen und die die Kastanien aus dem Feuer holt, wenn mal wieder etwas schief gelaufen ist in der Schule.

Dann habe ich begonnen, diese Frage zu verwenden.
Wenn einer meiner Söhne sich über irgendeine Gemeinheit beschwert hat, die ein Lehrer begangen hat, habe ich gefragt: „Was weißt du?“ „Was weißt du über den Lehrer?“

Und dann kam zum Beispiel als Antwort: „Der kann sich selbst nicht leiden?“ Und dann konnte ich zurück fragen: „Meinst du, der verhält sich so, weil er sich selbst nicht leiden kann?“
Und dann hatten wir ein Gespräch, in dem mein Sohn erkannt hat, dass er weiß, wie Leute funktionieren und warum und das nichts mit ihm persönlich zu tun hatte.

Und ich hab aufgehört, ihm die Welt zu erklären und Lösungen für seine Probleme zu finden. Etwas, das er sowieso nie hören wollte. Denn wer will schon ständig hören, wie andere die Welt sehen und niemals fragen, wie man selbst die Welt sieht?
Unsere Gespräche sind seitdem länger, intensiver, friedlicher und verändern jede Situation, über die wir reden.
Ich höre ihm zu, statt ihn zu belehren, mit der Frage „Was weißt du?“ im Hinterkopf und bin neugierig darauf, was er weiß.
Und das können wir schon mit ganz kleinen Kindern machen! Auch wenn wir keine verbale Antwort bekommen, wir vermitteln, dass wir wissen, dass der andere etwas weiß.
Und ist es nicht das, was wir alle hören und wissen möchten? Dass wir wunderbar sind,

über einzigartige Talente verfügen und dass wir es wert sind, uns zuzuhören.
Ich stell mir vor, wie alle Kinder dieser Welt aufwachsen mit diesem Gefühl und diesem Wissen um ihre Einzigartigkeit.

Schlusswort

Ich stell mir vor...
Wie wäre es wenn?
Wie fühlt es sich an?
Was für ein Mensch würde ich sein, wenn...?
Diese Fragen begleiten mich.
Und ich hoffe, dass ich dich ein wenig inspiriert habe, mit ihnen zu spielen.
Die Vorstellungskraft ist für mich zur Realität geworden. Zur einzigen.
Ich stell mir vor...

Der Mystiker Neville Goddard und seine Vorträge, die im Internet zu finden sind, hat mich auf die Spur der Vorstellungskraft gesetzt und seitdem habe ich sie nicht mehr verlassen.

Die Fragen sind ein nützliches Werkzeug, um dieser unserer wunderbaren Vorstellungskraft auf die Sprünge zu helfen und uns Türen zu öffnen, die durch unsere Annahmen geschlossen wurden.

Wenn wir aus unseren neugierigen Fragen heraus funktionieren und aus dem Zustand des bereits erfüllten Wunsches, dann sind uns keine Grenzen gesetzt. Der Zustand des bereits erfüllten Wunsches ist der Zustand, den wir fühlen, wenn wir durch unsere Fragen das Ergebnis identifizieren, das wir haben wollen. Das Leben also, das wir uns wünschen. Mehr über die Vorstellungskraft nach Neville Goddard habe ich in meinem Büchlein „Vorstellungskraft und Revision. Ein Handbuch zum Manifestieren“ geschrieben. Darin beschreibe ich genau, WIE wir uns etwas vorstellen können, was uns daran hindert und wie wir durch Revision, unsere alten Annahmen verändern können.

Und darum geht's. Das Alte hinter uns zu lassen und das Neue in unser Leben einzuladen.

Um das Leben zu leben, das wir wirklich wollen.

Links:

www.gabrieleliesenfeld.com

www.sos-liebeskummer.com

https://www.facebook.com/groups/360506897942822/

liesenfeld@aon.at

Impressum

Kontakt: Gabriele Liesenfeld/Herrenstr. 22/
62 Kirchstetten/Österreich
Covergestaltung: german_creative

Printed in Poland
by Amazon Fulfillment
Poland Sp. z o.o., Wrocław

50466506R00065